AF283468

Prevención de riesgos y gestión medioambiental en instalaciones de climatización y ventilación-extracción

Jesús Moreno Roldán

Zenaida González-Caballos Martínez

ic editorial

Prevención de riesgos y gestión medioambiental en instalaciones de climatización y ventilación-extracción
© Jesús Moreno Roldán
© Zenaida González-Caballos Martínez

1ª Edición

© IC Editorial, 2025

Editado por: IC Editorial
c/ Cueva de Viera, 2, Local 3
Centro Negocios CADI
29200 Antequera (Málaga)
Teléfono: 952 70 60 04
Fax: 952 84 55 03
Correo electrónico: iceditorial@iceditorial.com
Internet: www.iceditorial.com

ISBN: 979-13-7027-042-1
Depósito Legal: MA 1436-2025

Impresión: PODiPrint
Impreso en Andalucía – España

Nota de la editorial: IC Editorial pertenece a Innovación y Cualificación S. L.

Presentación del manual

El **Certificado de Profesionalidad** es el instrumento de acreditación, en el ámbito de la Administración laboral, de las cualificaciones profesionales del Catálogo Nacional de Cualificaciones Profesionales adquiridas a través de procesos formativos o del proceso de reconocimiento de la experiencia laboral y de vías no formales de formación.

El elemento mínimo acreditable es la **Unidad de Competencia.** La suma de las acreditaciones de las unidades de competencia conforma la acreditación de la competencia general.

Una **Unidad de Competencia** se define como una agrupación de tareas productivas específica que realiza el profesional. Las diferentes unidades de competencia de un certificado de profesionalidad conforman la **Competencia General,** definiendo el conjunto de conocimientos y capacidades que permiten el ejercicio de una actividad profesional determinada.

Cada **Unidad de Competencia** lleva asociado un **Módulo Formativo,** donde se describe la formación necesaria para adquirir esa **Unidad de Competencia,** pudiendo dividirse en **Unidades Formativas.**

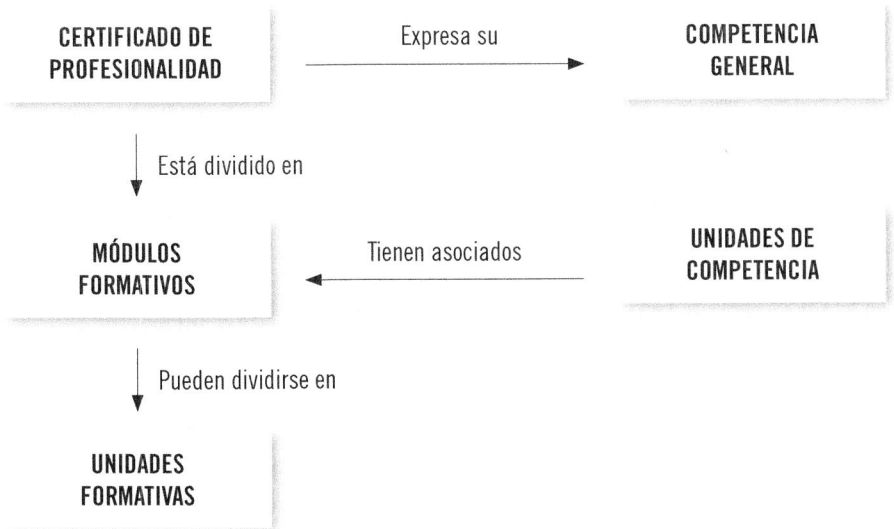

El presente manual desarrolla la Unidad Formativa **UF0420: Prevención de riesgos y gestión medioambiental en instalaciones de climatización y ventilación-extracción,**

perteneciente a los Módulos Formativos:

- **MF1158_2:** Montaje de instalaciones de climatización y ventilación-extracción
- **MF1159_2:** Mantenimiento de instalaciones de climatización y ventilación-extracción

asociado a las unidades de competencia:

- **UC1158_2:** Montar instalaciones de climatización y ventilación-extracción,
- **UC1159_2:** Mantener instalaciones de climatización y ventilación-extracción,

del Certificado de Profesionalidad **Montaje y mantenimiento de instalaciones de climatización y ventilación-extracción**

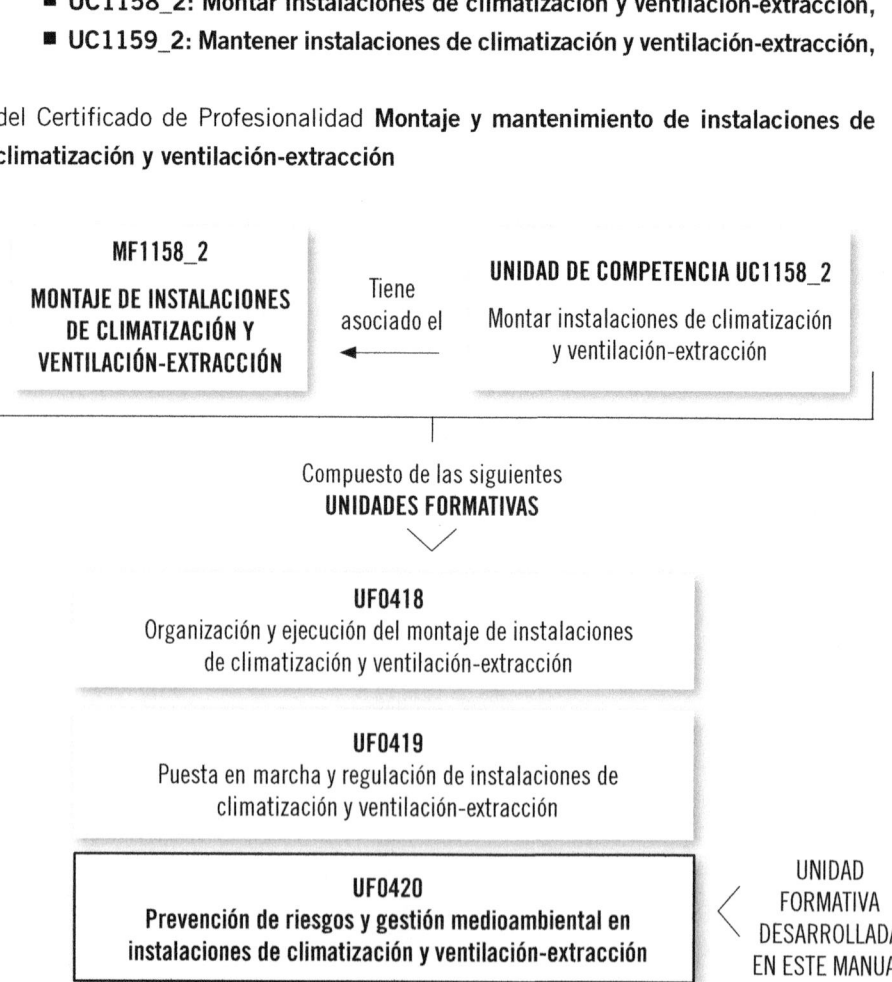

MF1158_2

MONTAJE DE INSTALACIONES DE CLIMATIZACIÓN Y VENTILACIÓN-EXTRACCIÓN

Tiene asociado el

UNIDAD DE COMPETENCIA UC1158_2

Montar instalaciones de climatización y ventilación-extracción

Compuesto de las siguientes
UNIDADES FORMATIVAS

UF0418
Organización y ejecución del montaje de instalaciones de climatización y ventilación-extracción

UF0419
Puesta en marcha y regulación de instalaciones de climatización y ventilación-extracción

UF0420
Prevención de riesgos y gestión medioambiental en instalaciones de climatización y ventilación-extracción

UNIDAD FORMATIVA DESARROLLADA EN ESTE MANUAL

MF1159_2

MANTENIMIENTO DE INSTALACIONES DE CLIMATIZACIÓN Y VENTILACIÓN-EXTRACCIÓN

Tiene asociado el

UNIDAD DE COMPETENCIA UC1159_2

Mantener instalaciones de climatización y ventilación-extracción

Compuesto de las siguientes
UNIDADES FORMATIVAS

UF0421
Mantenimiento preventivo de instalaciones de climatización y ventilación-extracción

UF0422
Mantenimiento correctivo de instalaciones de climatización y ventilación-extracción

UF0420
Prevención de riesgos y gestión medioambiental en instalaciones de climatización y ventilación-extracción

UNIDAD FORMATIVA DESARROLLADA EN ESTE MANUAL

FICHA DE CERTIFICADO DE PROFESIONALIDAD

(IMAR0208) MONTAJE Y MANTENIMIENTO DE INSTALACIONES DE CLIMATIZACIÓN Y VENTILACIÓN-EXTRACCIÓN (R. D. 1375/2009, de 28 de agosto, modificado por el R. D. 715/2011, de 20 de mayo)

COMPETENCIA GENERAL: Realizar las operaciones de montaje, mantenimiento y reparación de instalaciones de climatización, ventilación-extracción y filtrado de aire, de acuerdo con los procesos y planes de montaje y mantenimiento, con la calidad requerida, cumpliendo con la normativa y reglamentación vigente, en condiciones de seguridad personal y medioambiental

Cualificación profesional de referencia		Unidades de competencia	Ocupaciones o puestos de trabajo relacionados:
IMA0369_2 MONTAJE Y MANTENIMIENTO DE INSTALACIONES DE CLIMATIZACIÓN Y VENTILACIÓN EXTRACCIÓN (R. D. 182/2008 de 8 de febrero)	UC1158_2	Montar instalaciones de climatización y ventilación-extracción	• 7220.006.9 Instalador de aire acondicionado y ventilación • 7613.015.7 Mecánico reparador de equipos industriales de refrigeración y climatización • 7613.024.1 Instalador-ajustador de instalaciones de refrigeración y aire acondicionado • 8163.017.6 Operador de planta de aire acondicionado • 8163.016.5 Operador de planta de ventilación y calefacción • Instalador-montador de equipos de climatización y ventilación-extracción en redes de distribución y equipos terminales • Mantenedor-reparador de equipos de climatización y ventilación-extracción en redes de distribución y equipos terminales
	UC1159_2	Mantener instalaciones de climatización y ventilación-extracción	

Correspondencia con el Catálogo Modular de Formación Profesional

Módulos certificado	Unidades formativas	Horas
MF1158_2 Montaje de instalaciones de climatización y ventilación-extracción	UF0418: Organización y ejecución del montaje de instalaciones de climatización y ventilación-extracción	80
	UF0419: Puesta en marcha y regulación de instalaciones de climatización y ventilación-extracción	80
	UF0420: Prevención de riesgos y gestión medioambiental en instalaciones de climatización y ventilación-extracción	60
MF1159_2 Mantenimiento de instalaciones de climatización y ventilación-extracción	UF0421: Mantenimiento preventivo de instalaciones de climatización y ventilación-extracción	80
	UF0422: Mantenimiento correctivo de instalaciones de climatización y ventilación-extracción	80
	UF0420: Prevención de riesgos y gestión medioambiental en instalaciones de climatización y ventilación-extracción	60
MP0092: Módulo de prácticas profesionales no laborales		120

Índice

Capítulo 4
**Prevención laboral y medioambiental en instalaciones
de climatización y ventilación-extracción**

Capítulo 1
Conceptos básicos sobre seguridad y salud en el trabajo

Contenido

1. Introducción

Un elevado porcentaje de la vida de las personas transcurre en su trabajo. Este provee al individuo del dinero que necesita para su sustento y, además, crea un espacio en el que sus relaciones personales y su autoestima pueden desarrollarse.

Sin embargo, el entorno laboral también puede perjudicar a la persona, dañando su salud. Los accidentes de trabajo, las enfermedades profesionales y las enfermedades derivadas del trabajo deben ser evitadas a toda costa y el responsable directo de ello es el empresario.

Los poderes públicos también juegan un papel importante, ya que deben velar por la seguridad e higiene en el trabajo. Con este objetivo, impulsados por la incorporación de España en 1986 a la Comunidad Económica Europea, han desarrollado un marco jurídico que se sustenta en la Ley de Prevención de Riesgos Laborales.

2. El trabajo y la salud

El trabajo constituye el medio fundamental de vida de la mayoría de la población. A través del trabajo, el hombre obtiene los recursos necesarios para vivir, pero, paradójicamente, tal y como se verá a lo largo de este epígrafe, la salud puede verse dañada como consecuencia del trabajo que se realiza.

Es frecuente encontrar noticias en los medios de comunicación en las que se relata la muerte de alguna persona mientras estaba trabajando, por lo que resulta evidente que el trabajo puede dañar la salud.

Por otra parte, hay que indicar que en el año 2019 se produjeron dos importantes modificaciones en cuanto a la computación de los accidentes laborales:

■ **Cambio en la definición de accidente mortal:** se contabilizan como accidentes mortales todos los fallecimientos a consecuencia de un accidente de trabajo que se produzcan en el plazo de un año desde la fecha del accidente, independientemente de la gravedad inicial. Esta nueva definición se adapta a las recomendaciones de la OIT y coincide con la definición de accidente mortal que se utiliza en la Estadística Europea de Accidentes de Trabajo que publica EUROSTAT.

- **Inclusión con carácter general de los accidentes sufridos por los afiliados al Régimen Especial de Trabajadores Autónomos (RETA):** desde el año 2019, la cobertura específica de accidentes de trabajo por la Seguridad Social de los afiliados al RETA pasa a ser obligatoria con carácter general (con algunas excepciones recogidas en la Ley). Este cambio supone la incorporación de más de 2,5 millones de trabajadores en la población de referencia de esta estadística, por lo que los datos totales no son directamente comparables con los del año anterior. Por este motivo, los resúmenes de los resultados presentados por el ministerio competente se han estructurado de forma que se presentan los datos diferenciando entre accidentes del total de trabajadores, de asalariados, y de trabajadores por cuenta propia o (autónomos).

No obstante, la mayor parte de los gráficos comparativos que se muestran en este resumen de resultados se refieren exclusivamente a trabajadores asalariados. Una vez encuadrados los cambios, los datos facilitados por el ministerio competente dan un incremento de la siniestralidad, que si bien en términos porcentuales de incremento o descenso no son comparables por los cambios ya mencionados. Por ejemplo, si dejan como valores absolutos de referencia que en el informe de 2022 se computaron 653.510 accidentes con baja, mientras que en el 2023 la cifra se cerró con 647.495. A estos accidentes con baja habría que añadir los accidentes sin baja cuya cifra se sitúa en 564.701 y 569.996 para 2022 y 2023, respectivamente. Si bien se redujo la suma total en apenas 720 accidentes, la cifra total de accidentes en 2023 ascendió a 1.217.491, una cifra significativa de accidentes.

	VALORES ABSOLUTOS		VARIACIONES SOBRE IGUAL PERIODO AÑO ANTERIOR	
	Avance 2022	Avance 2023	Absolutas	Relativas en %
ACCIDENTES CON BAJA EN EL PERIODO DE REFERENCIA. ASALARIADOS				
Construcción	4.159	86.909	2.750	3,3
ÍNDICE DE INCIDENCIA ACC. EN JORNADA DE TRABAJO ASALARIADOS				
Construcción	6.329,8	6.298,5	-31,3	-0,5
ACCIDENTES MORTALES EN EL PERIODO DE REFERENCIA ASALARIADOS				
Construcción	785	686	-99	-12,6
ÍNDICE DE INCIDENCIA ACC. MORTALES EN JORNADA DE TRABAJO ASALARIADOS				
Construcción	11,51	10,00	-1,51	-13,1

Fuente. MITRAMISS.

Por otro lado, también es cierto que el trabajo proporciona recursos indispensables para alcanzar y mantener la salud: recursos económicos, habilidades personales, motivación, autoestima, redes sociales, equilibrio psíquico, etcétera.

Sin embargo, antes de continuar, cabría preguntarse ¿qué es la salud?

 Nota

A pesar de que se trata de un término de uso común, definir la salud es algo ciertamente complejo. De hecho, normalmente, se habla de ella cuando se pierde o se deteriora.

En el Preámbulo de la Constitución de la Organización Mundial de la Salud (OMS), que entró en vigor el 7 de abril de 1948 (y no ha sido modificada desde entonces), se establece que: "la salud es un estado de completo bienestar físico, mental y social, y no solamente la ausencia de afecciones o enfermedades".

Este manual muestra cómo ciertos aspectos del trabajo pueden perjudicar a la salud de los trabajadores y/o al medioambiente (y cómo minimizar ese impacto). Por ello, es muy importante no olvidar que el trabajo es fundamentalmente beneficioso para el trabajador y que, por tanto, debe ser considerado como un bien.

3. Los riesgos profesionales

Si se quiere comparar la siniestralidad en carretera entre España y Portugal, no basta con conocer el número de accidentes de tráfico acaecidos en uno u otro país en un determinado período de tiempo. No es suficiente saber que, en los últimos 12 meses, en España se han registrado, por ejemplo, 800 accidentes y en Portugal 200. Se precisa más información, los accidentes no pueden ser comparados, sin más, cuando la población de España es varias veces superior a la de Portugal. Por eso, conocer el número de conductores que hay en ambos países o el número de desplazamientos por carretera que se producen podría ayudar. Con la siniestralidad laboral ocurre lo mismo, para comparar un año con otro no basta con saber si los accidentes han aumentado o disminuido, es preciso saber el número de personas que han trabajado ese año o el número de horas que se han trabajado entre todos.

3.1. Medida de la siniestralidad

Dos son los índices estadísticos que se utilizan para medir la siniestralidad:

Índice de incidencia

Tiene como objetivo establecer el número de accidentes en relación con el promedio de personas que trabajan. La expresión que lo define es:

$$I_1 = \frac{\text{n.º total de accidentes x } 100.000}{\text{n.º medio de trabajadores}}$$

Suele establecerse para un período de un año y se refiere a accidentes con baja. Con un ejemplo se entiende mejor la causa de que el Ministerio con la competencia de trabajo utilice 100.000 trabajadores de referencia para calcularlo.

 Ejemplo

Supóngase que en una determinada empresa en la que trabajan 90 personas se han producido 5 accidentes con baja durante el último año. Si se calcula el índice de incidencia como:

$$I_i = \frac{\text{n.° total de accidentes}}{\text{n.° medio de trabajadores}} = \frac{5}{90} = 0,056$$

El resultado es un número inferior a la unidad y no da la impresión de que haya muchos accidentes por trabajador, solo 0,056. Por el contrario, si se calcula con la fórmula propuesta, el resultado es 100.000 veces mayor, es decir, 5555,6. Ahora parece claro que los accidentes son demasiados.

Índice de frecuencia

Tiene como objetivo establecer el número de accidentes en relación con el número de horas trabajadas. Por convenio, se ha acordado que se relacione con un millón de horas trabajadas, de forma que la expresión que lo define es:

$$I_F = \frac{\text{n.° total de accidentes}}{\text{n.° total horas hombre trabajadas}}$$

Para calcular el número de horas trabajadas, es preciso sumar las horas que trabaja cada trabajador en un determinado período.

Ejemplo

Si en la empresa anterior, de los 90 trabajadores, 80 tienen jornada completa y 10 media jornada, las horas trabajadas en una semana de lunes a viernes serán:

▎ 80 trabajadores x 8 horas al día x 5 días = 3.200 horas.
▎ 10 trabajadores x 4 horas al día x 5 días = 200 horas.
▎ Lo que supone un total de 3.400 horas trabajadas.

3.2. Datos de siniestralidad

Los datos de accidentalidad que permiten calcular los índices estudiados están disponibles en cada empresa y el empresario está obligado a suministrarlos, entre otras cuestiones, para que se puedan estudiar estadísticamente.

Aplicación práctica

En una empresa de montaje de instalaciones de climatización trabajan regularmente 25 personas y, en el trimestre de verano, por circunstancias de la producción, se incrementa la plantilla con 5 trabajadores más. Durante el último año, se han producido 3 accidentes de trabajo con baja. Si cada trimestre tiene 60 días laborables y la jornada diaria media es de 8 horas, calcule el índice de frecuencia y el de incidencia de la referida empresa.

Continúa en página siguiente >>

<< Viene de página anterior

SOLUCIÓN

Para calcular el índice de frecuencia, es necesario conocer el número de horas-persona trabajadas, que se realiza multiplicando el número de trabajadores de cada trimestre por el número de días del trimestre y por el número de horas que se trabaja cada día. Se obtienen los siguientes resultados:

Trimestre 1: horas persona = 25 x 60 x 8 = 12.000 horas.
Trimestre 2: horas-persona = 25 x 60 x 8 = 12.000 horas.
Trimestre 3: horas-persona = 30 x 60 x 8 = 14.400 horas.
Trimestre 4: horas-persona = 25 x 60 x 8 = 12.000 horas.

El número total de horas-persona trabajadas es de 50.400 horas. A partir de aquí, basta con aplicar la fórmula:

$$I_F = \frac{\text{n.° total de accidentes x } 1000000}{\text{n.° total horas hombre trabajadas}} = \frac{3 \times 1000000}{50400} = 59{,}52$$

Para calcular el índice de incidencia, es necesario conocer el número medio de trabajadores expuestos, lo que se realiza teniendo en cuenta el número de trabajadores de cada trimestre y haciendo la media, es decir, sumando los trabajadores de cada trimestre y dividiendo entre los cuatro trimestres que tiene un año.

Trimestre 1: 25 trabajadores.
Trimestre 2: 25 trabajadores.
Trimestre 3: 30 trabajadores.
Trimestre 4: 25 trabajadores.

Resulta un número medio de trabajadores expuestos de 26,25. Aplicando la fórmula:

$$I_I = \frac{\text{n.° total de accidentes x } 100000}{\text{n.° medio de trabajadores}} = \frac{3 \times 100000}{26.25} = 11429$$

Tres son los documentos, que deben ser facilitados por el empresario para la obtención de estos datos.

- **Parte de accidente de trabajo:** deberá cumplimentarse en aquellos accidentes de trabajo o recaídas que conlleven la ausencia del accidentado del lugar de trabajo de, al menos, un día (salvedad hecha del día que ocurrió el accidente), previa baja médica.
- **Relación de accidentes de trabajo ocurridos sin baja médica:** deberá cumplimentarse mensualmente en aquellos accidentes de trabajo que no hayan causado baja médica.
- **Relación de altas o fallecimientos de accidentados:** deberá cumplimentarse mensualmente, relacionándose aquellos trabajadores para los que se hubieran recibido los correspondientes partes médicos de alta.

 Sabía que...

Los datos relativos a los accidentes laborales son comunicados a la Administración mediante el sistema informático Delt@.

3.3. Los riesgos por sectores de actividad

Cada sector económico tiene sus características propias y unos factores de riesgos particulares. Como consecuencia de ellos, cada sector tiene una siniestralidad que lo diferencia de los demás. En el siguiente gráfico, se compara el índice de incidencia de los sectores agrario, industrial, construcción y servicios en el año 2024.

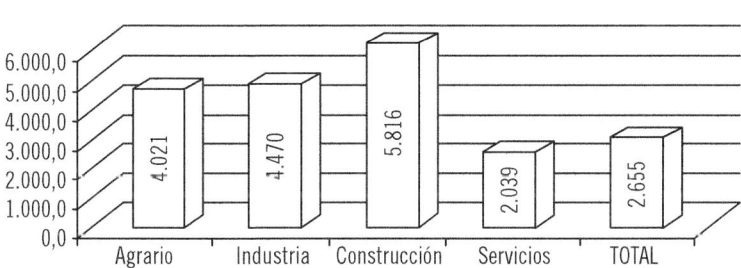

Índice de incidencia total por sectores en 2024

Por último, puede observarse la misma comparativa para el índice de frecuencia. En ambos casos, queda de manifiesto que las actividades con mayor siniestralidad son la construcción y la industria, seguidas de lejos por el sector servicios y el agrario.

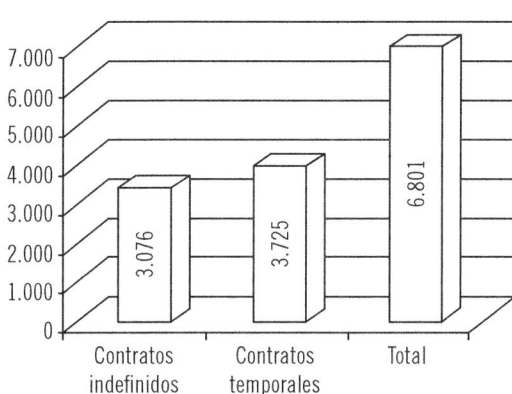

Índice de incidencia según tipo de contrato, para trabajadores asalariados

4. Factores de riesgo

El daño para la salud del trabajador viene generado por el encadenamiento de una serie de sucesos que acontecen ante unas determinadas circunstancias, por la existencia de diferentes factores de riesgo o peligros.

Definición

Factor de riesgo

Todo objeto, sustancia, forma de energía o característica de la organización del trabajo que puede contribuir a provocar un daño en la salud del trabajador.

Por otro lado, el riesgo viene determinado por dos conceptos clave: los daños que este puede ocasionar y la probabilidad de que se materialicen. Ambos conceptos son difíciles de valorar de una forma precisa, pero existen métodos de evaluación (que se verán a lo largo del capítulo) que permiten hacerlo con bastante eficacia.

Importante

El riesgo se produce cuando el trabajador entra en contacto con el factor de riesgo.

La Ley de Prevención de Riesgos Laborales establece en su artículo 15 que lo primero que hay que hacer con los riesgos es eliminarlos y evaluar los que no se puedan evitar. Estos han de ser combatidos en su origen y se ha de adaptar el trabajo a la persona, teniendo en cuenta la evolución de la técnica. En el caso de que sea preciso proteger al trabajador, se debe recurrir en primer lugar a equipos de protección colectiva y, por último, a equipos de protección individual.

 Definición

Evaluar

Determinar si el riesgo es tan pequeño que el trabajador puede convivir con él o si, por el contrario, es necesario actuar.

 Ejemplo

En una nave en que la que existe una instalación de aire comprimido alimentada por un compresor, se produce un ruido que, cuanto menos, resulta molesto. La solución óptima que evita que la salud del trabajador resulte dañada no es dotarlo de protecciones auditivas, sino sacar el compresor al exterior, alejándolo del trabajador. Si esto no es posible, se deberá aislar de forma eficaz. Solo en última instancia, si se han puesto en práctica todas las medidas preventivas razonables y el riesgo persiste, se planteará el uso de protecciones auditivas por los trabajadores.

4.1. Evaluación de riesgos

La evaluación de riesgos es clave. A continuación, se presentan dos métodos de evaluación. El primero está basado en una serie de cuestionarios elaborados por el Instituto Nacional de Seguridad y Salud en el Trabajo y pensado para aplicarse en las pequeñas y medianas empresas. El segundo es el método simplificado del INSST.

Nota

A lo largo de este manual se usará con frecuencia el acrónimo INSST, que son las siglas de Instituto Nacional de Seguridad y Salud en el Trabajo.

Las condiciones de trabajo que pueden menoscabar la salud de los trabajadores se pueden agrupar en cuatro grandes bloques, dentro de los cuales se ubican los agentes materiales a los que se asocian los diferentes riesgos. Son los siguientes:

- Condiciones de seguridad:

  - Lugares de trabajo.
  - Máquinas.
  - Elevación y transporte.
  - Herramientas manuales.
  - Manipulación de objetos.
  - Instalación eléctrica.
  - Aparatos a presión y gases.
  - Incendios.
  - Sustancias químicas.

- Condiciones medioambientales:

  - Contaminantes químicos.
  - Contaminantes biológicos.
  - Ventilación y climatización.
  - Ruido.
  - Vibraciones.
  - Iluminación.
  - Calor y frío.
  - Radiaciones ionizantes.
  - Radiaciones no ionizantes.

- Carga de trabajo:

    ▪ Carga física.
    ▪ Carga mental.

- Organización del trabajo:

    ▪ Trabajo a turnos.
    ▪ Factores de organización.

Para cada uno de los veintidós agentes materiales, el INSST ha elaborado un cuestionario que está pensado para ser contestado por una persona que no sea técnica en prevención y que solo tenga unos conocimientos básicos sobre seguridad y salud. La idea es simplificar el cumplimiento de los deberes en materia preventiva a los empresarios y, de paso, facilitar la integración de la prevención en todos los niveles jerárquicos de la empresa, implicando a todos los trabajadores.

 Sabía que...

En la misma línea se creó el portal web prevencion10.es que incorpora la herramienta evalua-t®, que permite evaluar de forma completa actividades con menos de 25 trabajadores empleados.

En el agente de máquinas, por ejemplo, las cinco primeras preguntas son las siguientes:

1. *Los elementos móviles de las máquinas (de transmisión que intervienen en el trabajo) son inaccesibles por diseño, fabricación y/o ubicación.*

2. *Existen resguardos fijos que impiden el acceso a órganos móviles a los que se debe acceder ocasionalmente.*

3. *Son de construcción robusta y están sólidamente sujetos.*

4. Están situados a suficiente distancia de la zona peligrosa.

5. Su fijación está garantizada por sistemas que requieren el empleo de una herramienta para que puedan ser retirados o abiertos.

Resulta evidente que cualquiera de esas preguntas puede ser respondida por la persona que utiliza el equipo en cuestión. Además, cada una de ellas va acompañada de un texto que orienta sobre la medida preventiva a tomar en caso de que la pregunta se responda de forma negativa. Para la pregunta cuarta, por ejemplo, el texto es: "Deben garantizar la inaccesibilidad a la zona peligrosa."

El cuestionario termina con una valoración del riesgo, que se realiza en función de las respuestas negativas. La situación se clasifica como muy deficiente, deficiente o mejorable.

 Ejemplo

En el caso de los cinco primeros puntos expuestos a modo de ejemplo, la valoración sería:

▎ Muy deficiente: si se contesta negativamente a las preguntas 1 y 2.
▎ Deficiente: si se contesta negativamente a las preguntas 3 o 4.
▎ Mejorable: si se contesta negativamente a la pregunta 5.

En muchos casos, la cumplimentación de los cuestionarios da una idea clara de los lugares en los que hay que actuar, pero, en otras ocasiones, la valoración del riesgo que de ella se deriva no puede considerarse definitiva. Es preciso plantear un estudio más profundo y, para ello, se puede recurrir al método simplificado del INSST.

Recordando que el riesgo se compone de probabilidad y consecuencias, este método considera que el **nivel de probabilidad** es función del nivel de deficiencia (ND) y del nivel de exposición (NE) al riesgo:

$$NP = ND \times NE$$

El **nivel de riesgo** (NR) será, por su parte, función del nivel de probabilidad (NP) y del nivel de consecuencias (NC), lo que puede expresarse como:

$$NR = NP \times NC$$

Para empezar, el nivel de deficiencia puede obtenerse directamente del cuestionario. El método asigna un valor numérico a cada uno de los posibles niveles de deficiencia.

Nivel de deficiencia	NE
Muy deficiente	10
Deficiente	6
Mejorable	2

El **nivel de exposición** a un riesgo concreto, se puede estimar en función de los tiempos de permanencia en las áreas de trabajo en las que ese riesgo está presente.

Nivel de exposición	NE	Significado
Continuado	4	Varias veces en su jornada laboral con tiempo prologado.
Frecuente	3	Varias veces en su jornada laboral, aunque sea con tiempos cortos.
Ocasional	2	Alguna vez en su jornada laboral y con período corto de tiempo.
Esporádico	1	Irregularmente.

Multiplicando el nivel de deficiencia (ND) por el nivel de exposición (NE), se obtiene el **nivel de probabilidad** (NP), cuyo significado se refleja a continuación.

Nivel de probabilidad	NE	Significado
Muy alto	40-24	Normalmente la materialización del riesgo ocurre con frecuencia.
Alto	20-10	La materialización del riesgo es posible que suceda varias veces en el ciclo de vida laboral.
Medio	8-6	Es posible que suceda el daño alguna vez.
Bajo	4-2	No es esperable que se materialice el riesgo.

El **nivel de consecuencia** puede determinarse fácilmente con la siguiente tabla, estimando los efectos que tendrá el riesgo en la salud del trabajador.

Nivel de consecuencias	NC	Significado
Muy alto	100	1 muerto o más.
Alto	60	Lesiones graves que pueden ser irreparables.
Medio	25	Lesiones que provocan baja.
Bajo	10	Pequeñas lesiones que no requieren hospitalización.

El **nivel de riesgo** (NR) viene determinado por la multiplicación del nivel de probabilidad (NP) por el nivel de consecuencias (NC). Cada nivel de riesgo conlleva un **nivel de intervención** (NI). El cuadro siguiente establece la agrupación de los niveles de riesgo que originan los consiguientes niveles de intervención y su significado.

Nivel de intervención	NR	Significado
I	4.000-600	Situación crítica. Corrección urgente.
II	500-150	Corregir y adoptar medidas de control.

Continúa en página siguiente >>

<< Viene de página anterior

Nivel de intervención	NR	Significado
III	120-40	Mejorar si es posible.
IV	20	No intervenir.

 Aplicación práctica

En un taller de mantenimiento existe una taladradora de columna antigua. La transmisión del movimiento del motor de la misma al portaherramientas se realiza mediante una correa que conecta unas poleas. Durante el funcionamiento del taladro, estas poleas están en movimiento y, para evitar el posible atrapamiento, están protegidas por una pesada carcasa metálica. Como para realizar el cambio de velocidad es necesario cambiar la correa de unas poleas a otras, la carcarsa que recubre las poleas es móvil.

En el desarrollo de las tareas propias del taller, los operarios utilizan la taladradora de vez en cuando a lo largo de la jornada laboral para realizar pequeños trabajos de taladrado. Evalúe el riesgo de atrapamiento de las manos del operario.

SOLUCIÓN

Si se realiza el cuestionario de evaluación, las preguntas 1 y 2 se responderán negativamente, ya que las poleas no son inaccesibles por diseño y no existen resguardos fijos que las protejan. Por ello, la situación debe ser calificada como muy deficiente y el nivel de deficiencia (ND) es igual a 10.

El nivel de exposición (NE) es ocasional (2), ya que, según el enunciado, la taladradora se usa "alguna vez en la jornada laboral y con período corto de tiempo". El nivel de probabilidad (NP) se obtiene multiplicando los dos niveles anteriores, por lo que es igual a 20.

Consultado la tabla, la probabilidad es alta, siendo posible la materialización del riesgo varias veces en el ciclo de vida laboral.

$$NP = ND \times NE; NP = 10 \times 2 = 20$$

Continúa en página siguiente >>

<< Viene de página anterior

Como resultado de un atrapamiento entre la correa y la polea es frecuente que se produzca, cuanto menos, la pérdida de algún dedo. El nivel de consecuencia (NC) es por tanto 60, ya que la lesión que se produce resulta irreparable.

El nivel de riesgo es el resultado de la multiplicación del nivel de probabilidad por el de consecuencia, es decir, 1.200.

$$NR = NP \times NC; \; NR = 20 \times 60 = 1.200$$

Consultando la tabla, el nivel de intervención es I. Por tanto, la situación es crítica y es necesaria una corrección urgente.

La citada corrección podría ser dotar a la carcasa móvil, que cubre las poleas y que es necesario manipular para cambiar la velocidad del taladro, de un sistema de enclavamiento y bloqueo, de modo que cuando el taladro esté en funcionamiento impida que se pueda abrir. De ese modo es imposible que se produzca el atrapamiento de la mano del trabajador.

5. Consecuencias y daños derivados del trabajo

Llega el momento de profundizar en los daños derivados del trabajo y las consecuencias que estos producen. En primera instancia, se ha de decir que, cuando el daño se origina de forma rápida e inminente, se produce un accidente. Por el contrario, si el perjuicio se produce poco a poco hasta alcanzar un nivel en el que se hace **patente**, se presenta una enfermedad profesional o una **enfermedad** derivada del trabajo.

5.1. Accidente de trabajo

Al estudiar los accidentes de trabajo, se ha de distinguir entre el concepto legal, que tiene como fin resarcir al accidentado, y el concepto preventivo, cuyo fin es la eliminación de los accidentes.

Recuerde

Se ha de distinguir entre el concepto legal, que tiene como fin resarcir al accidentado, y el concepto preventivo, cuyo fin es la eliminación de los accidentes.

Concepto legal

La definición legal de accidente de trabajo no se encuentra en la Ley de Prevención de Riesgos Laborales, sino en la Ley General de la Seguridad Social. Dicha norma, en el apartado primero de su artículo 156, indica: "Se entiende por accidente de trabajo toda lesión corporal que el trabajador sufra con ocasión o por consecuencia del trabajo que ejecute por cuenta ajena."

Queda claro que para que se produzca un accidente se deben dar tres condiciones:

- Que se produzca una lesión.
- Que sea como consecuencia del trabajo.
- Que ese trabajo se realice por cuenta ajena.

Según esto, los trabajadores autónomos no tienen accidentes laborales. La justificación, bastante discutible, es la siguiente: un trabajador autónomo es su propio jefe y si pone en riesgo su salud lo hace por propia voluntad, por el contrario, si un trabajador por cuenta ajena pone en riesgo su vida, será por culpa del jefe.

En 2007, esta situación cambió con la aprobación de la Ley del Estatuto del Trabajador Autónomo, que reconoce a los trabajadores acogidos a este régimen el derecho a percibir las prestaciones correspondientes por accidente laboral.

El artículo 156 continúa con cuatro apartados más que resulta importante conocer. El apartado segundo enumera una serie de supuestos que podría parecer que quedan fuera de la definición anterior, pero que sí son accidentes. Los más interesantes son los siguientes:

a. Los que sufra el trabajador al ir o al volver del lugar de trabajo.

Es lo que se denomina **accidente *in itinere,*** que se produce cuando el trabajador, en su recorrido habitual para ir o volver del trabajo, sufre una lesión. Esto incluye desde un accidente de tráfico hasta que, subiendo al autobús para ir al trabajo, se produzca una torcedura de tobillo. No hay que confundir este tipo de accidentes con otros que también ocurren en desplazamientos ocasionados por el trabajo (pero no al ir o volver del trabajo).

b. Los que sufra el trabajador con ocasión o como consecuencia del desempeño de cargos electivos de carácter sindical, así como los ocurridos al ir o al volver del lugar en que se ejerciten las funciones propias de dichos cargos.

c. Los ocurridos con ocasión o por consecuencia de las tareas que, aun siendo distintas a las de su categoría profesional, ejecute el trabajador en cumplimiento de las órdenes del empresario o espontáneamente en interés del buen funcionamiento de la empresa.

d. Los acaecidos en actos de salvamento y en otros de naturaleza análoga, cuando unos y otros tengan conexión con el trabajo.

 Ejemplo

▍ Si un trabajador sufre un accidente durante el transcurso de su jornada laboral, al desplazarse para realizar el mantenimiento de una instalación de climatización, lo ocurrido no es un accidente *in itinere,* sino un accidente laboral normal.

▍ Un trabajador de una fábrica donde se producen piezas de chapa para conductos se da cuenta de que la plegadora con la que trabaja no funciona porque se ha producido un fallo en el cuadro eléctrico. Aunque hay un encargado de mantenimiento que se ocupa de ese tipo de asuntos, se dirige al cuadro que alimenta y protege su máquina y acciona un magnetotérmico que está desconectado, lo que origina una pequeña explosión con la que resulta dañado. Pues bien, aunque el trabajador se extralimita y asume tareas que no le son propias, lo hace por agilizar la solución de su avería y en beneficio de la empresa, por lo que sus daños tienen la consideración de accidente de trabajo.

El apartado tercero del artículo 156 establece que, salvo que exista una prueba que indique lo contrario, cualquier lesión que sufra el trabajador y en el lugar de trabajo será constitutiva de accidente de trabajo.

El apartado cuarto fija los dos únicos supuestos que no son considerados accidentes de trabajo, siendo el más interesante el segundo:

> b. Los que sean debidos a dolo o a imprudencia temeraria del trabajador accidentado.

 **Definición**

Imprudencia temeraria
Cuando el accidentado ha actuado, en materia de prevención, de manera contraria a las normas, instrucciones u órdenes, provocando una situación de riesgo manifiesto, innecesario y grave.

Para terminar, el quinto apartado enumera otros dos supuestos que sí son accidentes, aunque inicialmente pudiera parecer que no.

> a. La imprudencia profesional que es consecuencia del ejercicio habitual de un trabajo y se deriva de la confianza que este inspira.

> b. La concurrencia de culpabilidad civil o criminal del empresario, de un compañero de trabajo del accidentado o de un tercero, salvo que no guarde relación alguna con el trabajo.

 Ejemplo

Un trabajador que está revisando un conducto de ventilación oculto en un falso techo cae de la escalera en la que se encuentra como consecuencia de que se intenta desplazar subido

Continúa en página siguiente >>

<< Viene de página anterior

en ella en vez de bajarse, mover la escalera y volver a subirse. En principio, el trabajador no ha actuado de la forma correcta, ha cometido una imprudencia, pero, si se le pregunta al accidentado, dirá que lo había hecho antes muchas veces y que todos sus compañeros lo hacen. Pues bien, el accidente ocurrido fruto de esa imprudencia profesional sí se considera accidente laboral. Obviamente, esto no quiere decir que se deba tolerar o, peor aún, practicar la imprudencia profesional.

Concepto preventivo

Aparte del concepto legal, hay un concepto técnico que entronca directamente con la visión preventiva. Según esta otra definición, accidente de trabajo es todo hecho o suceso anormal, no querido ni deseado, repentino, inesperado, previsible y normalmente evitable que se presenta de forma brusca en el entorno de trabajo, paraliza la acción productiva e interrumpe la continuidad del trabajo y puede causar lesiones a las personas.

Además de los accidentes de trabajo en los que se produce un daño o lesión al trabajador, pueden tener lugar ciertos hechos conocidos como **incidentes** en los que, sin que ningún trabajador sufra lesión alguna, se produzcan daños materiales de diversa consideración, llegando a alterar el proceso productivo.

La importancia de este concepto, más amplio que el de accidente laboral, fue puesta de manifiesto a lo largo del siglo XX por diversos estudios sobre el tema. Los más conocidos son los de Heinrich, Frank Bird y Tye-Pearson. Esta última pareja de autores estudió alrededor de un millón de casos de accidentes e incidentes acaecidos en las industrias del Reino Unido, tras lo que llegaron a la siguiente conclusión: por cada accidente fatal o con lesión grave, se producen 3 accidentes leves con ausencia del trabajo de al menos tres días, 50 lesiones que requerirán tratamiento de primeros auxilios, 80 incidentes con daños a la propiedad y 400 incidentes sin daños, ni lesiones.

Pirámide Tye - Pearson

Importante

Para evitar los accidentes que entran dentro de la definición legal, es preciso conocer y controlar los incidentes, porque estos suministran mucha información acerca de las causas posibles de los accidentes.

5.2. Enfermedad profesional

La definición de enfermedad profesional es bastante más escueta y mucho más restrictiva. Según el artículo 116 de la Ley General de la Seguridad Social:

Se entenderá por enfermedad profesional la contraída a consecuencia del trabajo ejecutado por cuenta ajena en las actividades que se especifiquen en el cuadro que se apruebe por las disposiciones de aplicación y desarrollo de esta ley, y que esté provocada por la acción de los elementos o sustancias que en dicho cuadro se indiquen para cada enfermedad profesional. En tales disposiciones se establecerá el procedimiento que haya de observarse para la inclusión en dicho cuadro de nuevas enfermedades profesionales que se estime deban ser incorporadas al mismo. Dicho procedimiento comprenderá, en todo caso, como trámite preceptivo, el informe del Ministerio de Sanidad, Servicios Sociales e Igualdad.

Según lo anterior, para que una enfermedad tenga la consideración de profesional, aparte de ser consecuencia del trabajo, debe encontrarse recogida en un cuadro y el agente que la provoca también debe estar en el cuadro. El cuadro de enfermedades profesionales se aprobó en noviembre de 2006.

 **Ejemplo**

La única enfermedad profesional que los docentes tienen reconocida son los nódulos de las cuerdas vocales a causa de los esfuerzos sostenidos de la voz por motivos profesionales.

En general, los factores que definen una enfermedad profesional son:

- La concentración e intensidad del agente perjudicial.
- El tiempo de exposición.
- La presencia simultánea de varios agentes perjudiciales.
- Las características personales de los trabajadores expuestos.

5.3. Otras patologías derivadas del trabajo

Desde el punto de vista de la prevención, es mucho más interesante hablar de enfermedad derivada del trabajo y no de enfermedad profesional. Se entiende como tal aquel deterioro lento y paulatino de la salud del trabajador, producido por una exposición crónica a situaciones adversas, ya sea por el ambiente en que se desarrolla el trabajo o por la forma en que este está organizado. Aquí, la causa del daño no ha de ser exclusivamente el trabajo, basta con que este tenga una influencia significativa.

El *burnout* o síndrome del quemado es un tipo de estrés prolongado que está causado por la realización de esfuerzos que no se ven compensados, que no está reconocido como enfermedad profesional. Estos esfuerzos no son físicos, sino afectivos y esta patología se presenta en trabajos que requieren una gran implicación de las emociones.

 Ejemplo

Los oncólogos se dedican a tratar a personas con cáncer y, por muy bien que hagan su trabajo, un significativo número de sus pacientes morirá. Es evidente que todos los oncólogos no padecen *burnout*, pero esta circunstancia, unida a otras derivadas de las condiciones de trabajo y también a cuestiones de carácter personal, pueden conducir a la enfermedad.

Para situaciones como la anterior, la legislación deja una puerta abierta a su reconocimiento legal, ya que establece que las enfermedades que contraiga el trabajador con motivo de la realización de su trabajo, siempre que se pruebe que la enfermedad tuvo por causa exclusiva la ejecución del mismo, serán reconocidas como accidentes de trabajo. La dificultad, en este caso, estriba en demostrar que el trabajo fue la causa exclusiva.

Existen otras patologías derivadas del trabajo de carácter inespecífico, como la **fatiga crónica,** donde el hecho de que el trabajo sea la causa fundamental de la enfermedad no es tan clara y concurren otras causas cuya importancia resulta complicado determinar.

 Nota

Estas patologías también son importantes desde el punto de vista preventivo, porque son el resultado de un daño que, en mayor o menor medida, está causando el trabajo y que debe ser eliminado o, al menos, atenuado.

5.4. Repercusiones económicas y de funcionamiento

Al hablar de las repercusiones económicas y de funcionamiento de los daños causados sobre la salud de los trabajadores, se ha de tener en cuenta que, en ningún caso, se está planteando comparar el ahorro que produce la prevención a una empresa con el coste que la prevención lleva aparejado.

De acuerdo con la Teoría del óptimo económico, será rentable invertir en seguridad y reducir accidentes mientras los costes de prevención sean inferiores a los costes de los accidentes y no será rentable en caso contrario.

Sin embargo, resulta evidente que la prevención de riesgos laborales nunca debe plantearse en términos estrictamente económicos. Las razones fundamentales son dos:

- **La prevención no es algo opcional** que pueda o no incorporarse a la empresa. Existe la obligación legal de eliminar, si es posible, o minimizar los daños que el trabajo puede causar en la salud de los trabajadores.
- **No se puede comparar el coste de la prevención con el beneficio que acarrea** o el perjuicio que deja de producir. ¿Cómo cuantificar económicamente lo que supone cualquiera de las lesiones que puede sufrir el trabajador?

Sentado lo anterior, se puede afirmar que las pérdidas que trae consigo un accidente laboral o una enfermedad profesional son muy numerosas. Entre ellas, cabe destacar:

- Pérdidas por daños humanos:

    - Indemnizaciones a los trabajadores lesionados.
    - Indemnizaciones consecuencia de daños ocasionados a terceros.

- Costes sociales y legales:

    - Pago de cuotas a la Seguridad Social.
    - Pago de cuotas a otras entidades aseguradoras contratadas por la empresa.

▮ Importe de las acciones de solidaridad de los compañeros (paros, huelgas, etcétera).

▮ Complementos salariales establecidos por la empresa consecuencia de la peligrosidad de la actividad.

▮ Pago de abogados y de gestores.

▮ Pago de sanciones por infracciones en materia de prevención de riesgos laborales.

■ Pérdidas materiales:

▮ Valor de los daños ocasionados a materias primas, productos semielaborados o acabados.

▮ Pérdidas energéticas que se originen. Pérdidas de fluidos u otros productos empleados. Pérdidas por daños sufridos en los edificios o locales.

■ Pérdidas de equipamientos:

▮ Costes de los daños ocasionados a las herramientas, maquinaria o instalaciones, que es necesario reparar o reponer.

■ Pérdidas productivas por bajo rendimiento:

▮ A consecuencia de las averías de los medios técnicos de producción.

▮ En la adaptación de la persona que sustituye al accidentado.

▮ A causa de la baja condición moral, física y psíquica de los accidentados, tras su incorporación al trabajo, o de los propios compañeros.

■ Pérdidas en tiempo de horario laboral:

▮ Abono al accidentado de la jornada completa el día del accidente que corre a cuenta del empresario.

▮ Tiempo empleado por los compañeros en ayudar al accidentado.

▮ Tiempo perdido por los compañeros en curiosear o informarse de lo sucedido.

▮ Tiempo empleado por los mandos en restablecer la normalidad, investigar el accidente y elaborar informes.

- ▪ Tiempo empleado en asistir requerimientos de la Inspección de Trabajo o del juzgado.
- ▪ Tiempo empleado por los mandos en seleccionar y adiestrar al sustituto.

- ■ Pérdidas de mercado:

  - ▪ Disminución de las ventas como consecuencia de la mala imagen de marca que crea en la sociedad la presencia de una determinada empresa en los medios de comunicación como consecuencia de un accidente laboral.

- ■ Pérdidas por gastos sanitarios:

  - ▪ Material sanitario empleado en las curas y pagado por la empresa.
  - ▪ Gastos de transporte de los lesionados o personal sanitario.
  - ▪ Gastos de personal médico.

Método de Heinrich para el cálculo de costes

Uno de los primeros métodos para contabilizar el montante de los costes que supone un accidente laboral fue propuesto por Heinrich en la tercera década del siglo pasado.

 Nota

Este método resulta interesante debido a su extrema sencillez y a la clara visión de la verdadera magnitud de los costes de los accidentes que aporta.

Resulta evidente la dificultad que tiene calcular algunos de los costes que aparecen reflejados en la enumeración anterior. Saber lo que ha costado trasladar a un accidentado al servicio de urgencias es sencillo, si va en taxi o en ambulancia, se puede mirar en la factura. Calcular el coste que tiene el compañero que le acompaña es bastante más complicado. Este compañero ha dejado de realizar el trabajo por el que se le está pagando, eso tiene un coste; si la labor que realiza en la empresa exige que sea temporalmente sustituido, la momentánea adaptación del sustituto también supone una pérdida; la impresión que produce en el acompañante la situación de contacto con el accidentado que ha vivido disminuirá inconscientemente su rendimiento cuando vuelva al trabajo, más costes; el tiempo empleado en atender a la curiosidad de los compañeros que le preguntarán para interesarse por el accidentado, etcétera. Como puede verse, la enumeración es prolija y calcular cualquiera de esos costes es mucho más complicado que comprobar la factura de un taxi.

Pues bien, Heinrich, después del estudio de numerosos accidentes, afirmó que el valor de los costes indirectos, los que son difícilmente calculables, es cuatro veces mayor que el de los costes directos, que se calculan fácilmente. Expresado en una fórmula queda así:

$$CT = CD + CI = CD + 4 \cdot CD = 5 \cdot CD$$

Dicho de otro modo, según Heinrich, cualquier accidente es cinco veces más costoso para la empresa de lo que parece.

Iceberg Heinrich

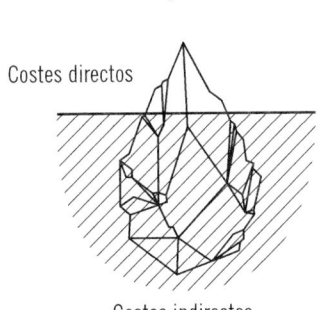

Costes directos

Costes indirectos

6. Marco normativo básico en materia de prevención de riesgos laborales

El marco normativo en materia de prevención de riesgos laborales está formado por diferentes instrumentos legales, que establecen derechos y deberes para los diferentes sujetos que intervienen en la relación laboral. El fundamento principal de la legislación preventiva española se encuentra en la Constitución de 1978 por la que se encomienda a los poderes públicos que velen por la "...Seguridad e Higiene en el trabajo" (Art. 40.2) y se establece la obligación de "...organizar y tutelar la salud pública a través de medidas preventivas y de las prestaciones y servicios necesarios" (Art.43.2). A partir de la Norma Suprema del Ordenamiento Jurídico Español se desarrollan el resto de disposiciones que regulan la política del Estado en esta materia, a través de diferentes tipos de normas jurídicas escritas.

Pirámide normativa

6.1. La Ley de Prevención de Riesgos Laborales

El derecho a la salud es una concreción del derecho del trabajo. Así y con la consideración de legislación laboral, se aprueba la Ley 31/1995, de 8 de noviembre, de Prevención de Riesgos Laborales LPRL, que configura el marco general en el que habrán de desarrollarse las distintas acciones preventivas en nuestro país.

Nota

A lo largo de este manual, se usará con frecuencia el acrónimo LPRL, que son las siglas de Ley de Prevención de Riesgos Laborales.

El punto de partida de esta ley es el Acta Única Europea y, especialmente, la Directiva Marco (Directiva 89/391, de 12 de junio, de la CEE). En esta directiva se insta a que los Estados miembros pongan en vigor las disposiciones legales, reglamentarias y administrativas necesarias en materia de seguridad y salud laboral. Pero la LPRL incorpora además otras directivas europeas relativas a la protección de la maternidad y de los jóvenes y al trabajo temporal.

Con la aprobación de esta ley, también se asume el compromiso que adquirió España con la Organización Internacional del Trabajo al ratificar el Convenio 155 de la OIT, de 22 de junio de 1981, sobre la seguridad y salud de los trabajadores y medioambiente de trabajo, ratificado por España el 26 de julio de 1985.

La estructura de la LPRL permite articular un conjunto básico de garantías y responsabilidades en materia de seguridad y salud laboral. La empresa debe llevar a cabo la acción preventiva bajo la aplicación de los principios establecidos en su artículo 15: evitar los riesgos, evaluar los que no se puedan evitar, combatirlos desde el origen, adaptar el trabajo a la persona, tener en cuenta la evolución técnica, sustituir lo peligroso por lo que entrañe poco o ningún peligro, planificar la prevención, anteponer las medidas de protección colectivas a las individuales e instruir adecuadamente a los trabajadores.

 **Nota**

La Ley de Prevención de Riesgos Laborales pretende lograr una visión unitaria de la política de prevención de riesgos laborales y actualizar regulaciones concernientes a ella.

Contenido de la LPRL

La LPRL consta de 54 artículos, organizados en VII capítulos. El capítulo III recoge los artículos (14 a 29) referidos a los derechos y obligaciones en la materia.

Derechos y deberes de la empresa

- Proteger al personal.
- Informar, consultar y considerar las propuestas del personal.
- Proteger específicamente a trabajadores y trabajadoras sensibles, menores y embarazadas.
- Proporcionar los servicios de vigilancia de la salud.
- Analizar y preparar cualquier situación de emergencia.
- Aplicar los principios preventivos.
- Impartir formación y dar información en materia de prevención.
- Proporcionar los equipos de protección individual.

Obligaciones del trabajador

- Cumplir con las normas de seguridad y salud laboral a tenor de la formación e instrucciones recibidas.
- Usar adecuadamente los equipos de trabajo, equipos y medios de protección colectiva e individual.
- No anular los dispositivos de seguridad de las máquinas.
- Contribuir con el cumplimiento de las obligaciones legales.
- Cooperar con el empresario.

Tratándose de una ley que, ante todo, persigue la prevención, su articulado no descansa exclusivamente en la ordenación de las obligaciones y responsabilidades de trabajadores y empresarios.

 Importante

Uno de los objetivos básicos y quizás el más trascendente de los perseguidos por la LPRL es el fomento de una auténtica cultura preventiva, mediante la promoción de la mejora de la educación en dicha materia en todos los niveles educativos, involucrando a la sociedad en su conjunto.

Desde la entrada en vigor de la LPRL, los poderes públicos, los agentes sociales, las empresas y trabajadores y demás entidades dedicadas a la prevención de riesgos labores, han desarrollado un importante esfuerzo, en todos los órdenes y cada uno en su ámbito de responsabilidad, que ha dotado a España de un marco homologable en esta materia a la política común de seguridad y salud en el trabajo de la Unión Europea y a las políticas desarrolladas por sus Estados miembros.

Este esfuerzo debía conducir a la integración de la prevención de riesgos laborales a todos los niveles de la empresa y a fomentar una auténtica cultura de la prevención. Sin embargo, los datos de siniestralidad en nuestro país han puesto de manifiesto que esto no ha ocurrido así.

El análisis de los problemas en esta materia denotaba una deficiente incorporación del modelo de prevención y una inadecuada integración de la prevención en la empresa.

Nota

El cumplimiento de la normativa ha sido más formal que eficiente y la normativa no se ha ido adecuando a las nuevas formas de organización del trabajo, en especial de las formas de subcontratación y al sector de la construcción.

Por ello, este marco normativo de la prevención de riesgos laborales, en sus años de vigencia, ha demandado reformas para la adecuación de la normativa a la realidad laboral.

Los objetivos básicos de esta reforma son cuatro:

- Como objetivo horizontal, combatir de manera activa la siniestralidad laboral.
- Fomentar una auténtica cultura de la prevención de riesgos en el trabajo, que asegure el cumplimiento efectivo y real de las obligaciones preventivas y no el cumplimiento meramente formal o documental de tales obligaciones.
- Reforzar la necesidad de integrar la prevención de los riesgos laborales en los sistemas de gestión de la empresa.
- Mejorar el control del cumplimiento de la normativa de prevención de riesgos laborales, mediante la adecuación de la norma sancionadora a la norma sustantiva y reforzando la función de vigilancia y control de la Inspección de Trabajo y Seguridad Social.

La Ley de PRL entró en vigor el 27 de diciembre de 2009. Pone de relieve la intención del legislador por adecuar la normativa en materia de prevención de riesgos laborales a la realidad organizativa empresarial, es que a raíz de esta reforma, según el artículo 30:

En las empresas de hasta diez trabajadores, el empresario podrá asumir personalmente las funciones de prevención y protección de riesgos laborales, siempre que desarrolle de forma habitual su actividad en el centro de trabajo y tenga la capacidad necesaria, en función de los riesgos a que estén expuestos los trabajadores y la peligrosidad de las actividades.

Se trata de un marco jurídico a partir del cual se han ido fijando y concretando los aspectos más técnicos de las medidas preventivas a través de su desarrollo reglamentario.

Sabía que...

Hasta la citada reforma, el límite estaba fijado en hasta 6 trabajadores.

La participación de los trabajadores

El artículo 18 de la Ley establece que el empresario deberá consultar a los trabajadores, y permitir su participación, en todas las cuestiones que afecten a la seguridad y a la salud en el trabajo.

Los Delegados de Prevención son los representantes de los trabajadores en materia de prevención de riesgos en el trabajo y son designados por y entre los representantes del personal. Sus competencias, según el artículo 36, son las siguientes:

- Colaborar con la dirección de la empresa en la mejora de la acción preventiva.
- Promover y fomentar la cooperación de los trabajadores en la ejecución de la normativa sobre prevención de riesgos laborales.
- Ser consultados por el empresario, con carácter previo a su ejecución, acerca una serie de decisiones relacionadas con la prevención.
- Ejercer una labor de vigilancia y control sobre el cumplimiento de la normativa de prevención de riesgos laborales.

El número de delegados que debe haber en una empresa lo determina la ley y viene reflejado en el siguiente texto.

Los Delegados de Prevención serán designados por y entre los representantes del personal, en el ámbito de los órganos de representación previstos en las normas a que se refiere el artículo anterior, con arreglo a la siguiente escala: De 50 a 100 trabajadores: 2 Delegados de Prevención. De 101 a 500 trabajadores: 3 Delegados de Prevención. De 501 a 1.000 trabajadores: 4 Delegados de Prevención. De 1.001 a 2.000 trabajadores: 5 Delegados de Prevención. De 2.001 a 3.000 trabajadores: 6 Delegados de Prevención. De 3.001 a 4.000 trabajadores: 7 Delegados de Prevención. De 4.001 en adelante: 8 Delegados de Prevención. En las empresas de hasta treinta trabajadores el Delegado de Prevención será el Delegado de Personal. En las empresas de treinta y uno a cuarenta y nueve trabajadores habrá un Delegado de Prevención que será elegido por y entre los Delegados de Personal.

Además, según los artículos 38 y 39, en todas las empresas o centros de trabajo que cuenten con 50 o más trabajadores se constituirá un Comité de Seguridad y Salud, que es un órgano paritario y colegiado de participación destinado a la consulta regular y periódica de las actuaciones de la empresa en materia de prevención de riesgos. Está formado por los Delegados de Prevención, por una parte, y por el empresario y/o sus representantes en número igual al de los Delegados de Prevención, por la otra. Sus competencias son fundamentalmente dos:

- Participar en la elaboración, puesta en práctica y evaluación de los planes y programas de prevención de riesgos de la empresa.
- Promover iniciativas sobre métodos y procedimientos para la efectiva prevención de los riesgos, proponiendo a la empresa la mejora de las condiciones o la corrección de las deficiencias existentes.

6.2. El Reglamento de los Servicios de Prevención

La Ley de Prevención de Riesgos Laborales vino a dar un nuevo enfoque a la seguridad y salud laboral, ya que la nueva concepción legal no se limita a un conjunto de deberes de obligado cumplimiento por parte del empresario o a la subsanación de situaciones de riesgo ya manifestadas.

Nota

La idea es integrar la prevención en el conjunto de actividades y decisiones de la empresa, formando parte desde el comienzo del proyecto empresarial.

La prevención se articula en torno a la planificación de la misma a partir de la evaluación inicial de los riesgos propios del trabajo y la consiguiente adopción de las medidas preventivas adecuadas a los riesgos detectados.

El artículo 6 de la Ley de Prevención de Riesgos Laborales establece que el Gobierno procederá a la regulación, a través de la correspondiente norma reglamentaria, de los procedimientos de evaluación de los riesgos para la salud de los trabajadores y de las modalidades de organización, funcionamiento y control de los servicios de prevención, así como de las capacidades y aptitudes que han de reunir dichos servicios y los trabajadores designados para desarrollar la actividad preventiva.

Al cumplimiento del mandato legal responde el Real Decreto 39/1997, por el que se aprueba el Reglamento de los Servicios de Prevención, como actividad integrada en el conjunto de actuaciones de la empresa y en todos los niveles jerárquicos de la misma, a partir de una planificación que incluya la técnica, la organización y las condiciones de trabajo, presidido todo ello por los mismos principios de eficacia, coordinación y participación que tiene la ley.

En primer término, aborda la evaluación de los riesgos, como punto de partida de la planificación de la actividad preventiva que sea necesaria, a través de alguna de las modalidades de organización que, siguiendo el artículo 31 de la ley, se regulan en el RSP, en función del tamaño de la empresa y de los riesgos o de la peligrosidad de las actividades desarrolladas en la misma.

 **Nota**

A lo largo de este manual, se usará con frecuencia el acrónimo RSP, que son las siglas de Reglamento de los Servicios de Prevención.

La idoneidad de la actividad preventiva que, como resultado de la evaluación, haya de adoptar el empresario, queda garantizada a través del doble mecanismo que en el RSP se regula:

- Por una parte, por la acreditación a través de la autoridad laboral de los servicios de prevención externos, como forma de garantizar la adecuación de sus medios a las actividades que vayan a desarrollar.
- Por otra, por la auditoría o evaluación externa del sistema de prevención, cuando esta actividad es asumida por el empresario con sus propios medios.

En relación con las capacidades o aptitudes necesarias para el desarrollo de la actividad preventiva, el RSP parte de la necesaria adecuación entre la formación requerida y las funciones a desarrollar, estableciendo la formación mínima necesaria para el desempeño de las funciones propias de la actividad preventiva, que se agrupan en tres niveles: básico, intermedio y superior, en el último de los cuales se incluyen las especialidades y disciplinas preventivas de medicina del trabajo, seguridad en el trabajo, higiene industrial y ergonomía y psicosociología aplicada.

Estas especialidades están relacionadas con los diferentes daños que puede sufrir el trabajador. En el siguiente cuadro, se esquematiza el contenido de cada especialidad.

Trabajo

Modificaciones en el entorno	→ Incidencia sobre la salud →	Técnicas de lucha
Condiciones de seguridad	→ Accidentes →	Seguridad
Contaminantes químicos y biológicos. Agentes físicos	→ Enfermedades →	Higiene
Carga de trabajo (física y mental). Organización trabajo	→ Fatiga Insatisfacción →	Ergonomía psicosociológica

Nota

La medicina del trabajo no se encuentra en el cuadro porque no se ocupa de ninguna incidencia en la salud en particular, sino de prevenir y tratar los problemas de salud relacionados con las condiciones de trabajo.

Modalidades preventivas

Los distintos modelos organizativos de la prevención de riesgos en la empresa no son excluyentes. Esto significa que una empresa puede optar por asumir solo una parte de la acción preventiva (por ejemplo la correspondiente al área de ergonomía y psicosociología) y concertar el resto de las actividades con uno o varios servicios de prevención ajenos.

El empresario asume la prevención

La persona responsable de la empresa puede asumir personalmente las actividades preventivas, a excepción de la Vigilancia de la Salud. Esta modalidad requiere que: la empresa tenga hasta 10 trabajadores y el empresario desarrolle habitualmente su actividad en el centro de trabajo, que las actividades que realiza la empresa no sean de especial peligrosidad (definidas en el Anexo I del RSP) y que el empresario tenga la capacidad correspondiente a las funciones preventivas que tiene que desarrollar.

Trabajadores designados

El empresario puede designar a uno o varios trabajadores para ocuparse de la actividad preventiva, siempre y cuando dispongan de la capacidad correspondiente a las funciones a desempeñar.

 Nota

Las actividades que estos trabajadores no puedan asumir deberán ser concertadas con un servicio de prevención propio o ajeno.

Servicio de prevención propio

Esta modalidad es obligatoria para las empresas de más de 500 trabajadores y también para las que tengan entre 250 y 500 trabajadores si se dedican a actividades peligrosas.

Una variedad de los servicios de prevención propios, está constituida por los **servicios de prevención mancomunados.** Las empresas que formen parte del mismo, deben desarrollar de forma simultánea su actividad en un mismo centro de trabajo, edificio o centro comercial; o bien, pertenecer a un mismo sector productivo o grupo empresarial; por último, desarrollar su actividad en un polígono industrial o área geográfica limitada.

Servicio de prevención ajeno

Los servicios de prevención ajenos (SPA) son entidades dedicadas a actividades preventivas que deben estar acreditadas por la autoridad laboral competente. Las empresas que no tengan cubierta la prevención por medio de alguna de las modalidades expuestas, deben recurrir a estos SPA, pudiendo acordar los servicios de uno o de varios, en función de sus necesidades preventivas.

Aplicación práctica

¿Cuál de los distintos modelos organizativos de la prevención puede adoptar una empresa de 9 trabajadores? ¿Y una de 30 trabajadores? ¿Y otra de 1.000 trabajadores?

SOLUCIÓN

La primera empresa tiene disponibles todas las opciones posibles:

a. El empresario podría encargarse de la prevención siempre que tenga la formación adecuada, esté habitualmente en el centro de trabajo y la actividad de la empresa no sea de especial peligrosidad. La vigilancia de la salud debe concertarla obligatoriamente con un servicio de prevención ajeno.

b. El empresario podría designar a uno o más trabajadores con la formación necesaria. Lo que los trabajadores no puedan asumir debe ser concertado con un servicio de prevención ajeno.

c. El empresario podría constituir un servicio de prevención propio, aunque, debido al tamaño de la empresa, esto no sería rentable. En realidad, resultaría descabellado tan solo plantearlo.

d. El empresario podría concertar la actividad preventiva al completo sin ocuparse él, ni ninguno de sus trabajadores. A pesar de lo anterior, tanto el empresario como los trabajadores deben implicarse en la prevención, lo que no hacen es ocuparse de organizarla.

La segunda empresa tiene disponibles las opciones b., c., d.; aunque la c. tampoco es aconsejable para ese tamaño de empresa.

La tercera empresa, debido a su dimensión, solo tiene una opción, constituir un servicio de prevención propio donde la actividad preventiva es desarrollada por trabajadores de la empresa que se dedican exclusivamente a esa tarea.

Modificaciones del Reglamento

El Reglamento de los Servicios de Prevención también ha sido modificado. por Decreto 899/2015, de 9 de octubre, por el que se modifica el Real Decreto 39/1997, de 17 de enero, por el que se aprueba el Reglamento de los Servicios de Prevención.

Esta norma, que modifica el Reglamento de los Servicios de Prevención, introduce entre sus principales novedades las siguientes:

- Facilita el cumplimiento de la normativa de prevención a las empresas, en particular a las PYMES, para así mejorar la calidad y eficacia de los sistemas de prevención. Para ello, se amplía hasta 10 el número de trabajadores de las empresas en las que el empresario puede asumir la actividad.
Asimismo, el INSHT publicó a este respecto una guía orientativa que facilita la gestión y sus auditorías, elaborando un formato simplificado de la documentación para empresas de menos de 5 trabajadores.
- Determina la necesidad de que los servicios de prevención ajenos cuenten con las 4 especialidades preventivas, estableciendo un plazo de 1 año para que, los que actualmente no cuenten con todas ellas, puedan adaptarse.
- Favorece la calidad, definiendo el contenido mínimo del concierto de la actividad preventiva, que debe quedar expresamente establecido en el contrato con los servicios de prevención.
- Define las bases de los recursos, tanto humanos como materiales, de que deben disponer los servicios de prevención ajenos para prestar un servicio de calidad que ha de estar en relación con factores diversos, en especial, tamaño y actividad de las empresas y número de trabajadores cubiertos por los conciertos.
- Prevé la creación de registros informáticos de los servicios de prevención ajenos en cada comunidad autónoma, que estarán interconectados mediante una base de datos informática gestionada por el Ministerio de Trabajo e Inmigración.
- Define los requisitos formativos necesarios para ejercer como Técnico Superior en Prevención de Riesgos Laborales (titulación universitaria oficial), aunque se incluye una disposición adicional donde se posibilita que todos los técnicos acreditados anteriormente, mediante certificación, podrán seguir desempeñando sus funciones. Respecto a la vigilancia de la salud, establece un desarrollo coordinado, entre los Ministerios de Sanidad y de Trabajo, dentro de los cuatro meses posteriores a la entrada en vigor del Real Decreto, estableciendo los criterios básicos para la organización de los recursos necesarios para desarrollar la actividad sanitaria de los servicios de prevención.

6.3. Alcance y fundamentos jurídicos

Lo establecido en la Ley de Prevención de Riesgos Laborales alcanza prácticamente a la totalidad de los trabajadores en España. En su artículo tercero, se fija que es de aplicación a:

- Las relaciones laborales reguladas por el Estatuto de los Trabajadores.
- Las relaciones de carácter administrativo o estatutario del personal de las Administraciones Públicas.
- Los trabajadores autónomos.
- Los socios de las cooperativas que trabajen en ellas.

Exclusivamente, existen tres colectivos a los que, por las peculiaridades de su tarea, no se aplica:

- La policía.
- Los servicios de protección civil y peritaje forense en los casos de riesgo grave o catástrofe.
- Las Fuerzas Armadas.

Lógicamente, estas excepciones no significan que la salud de estos trabajadores no deba preservarse de modo que no resulte dañada como consecuencia del desempeño de su trabajo. Al contrario, la Ley de Prevención debe inspirar la normativa específica que se ocupe de ello.

 Sabía que...

Existe una última excepción, la de las empleadas de hogar, para las que se especifica que el titular del hogar familiar está obligado a cuidar de que el trabajo de sus empleados se realice en las debidas condiciones de seguridad e higiene.

Las razones que fundamentan la necesidad de disponer de un marco jurídico de la prevención de riesgos laborales en España son varias:

- Cumplir con lo dispuesto en nuestra carta magna, la Constitución Española, que, en su artículo 40, encomienda a los poderes públicos, como uno de los principios rectores de la política social y económica, velar por la seguridad e higiene en el trabajo. Este mandato constitucional conlleva la necesidad de desarrollar una política de protección de la salud de los trabajadores.
- Armonizar nuestra política con la política comunitaria en esta materia, como consecuencia de la pertenencia de España a la Unión Europea.
- Satisfacer los compromisos contraídos con la Organización Internacional del Trabajo a partir de la ratificación del Convenio 155, sobre seguridad y salud de los trabajadores y medioambiente de trabajo.

 Nota

Cuando se habla de los fundamentos jurídicos, se hace referencia a la razón de ser, a los pilares que determinan el origen y el sentido de cualquier norma legal.

Pero no es solo del mandato constitucional y de los compromisos internacionales del Estado español de donde se deriva la exigencia de un nuevo enfoque normativo. En el orden interno, cabe destacar:

- La necesidad de configurar una visión unitaria en la política de prevención de riesgos laborales
- La necesidad de actualizar regulaciones ya desfasadas y regular situaciones nuevas no contempladas con anterioridad.

Todo ello refuerza, sin duda, los objetivos de responsabilidad, cooperación y participación que inspiran el marco normativo básico de la prevención de riesgos laborales en España.

6.4. Directivas sobre seguridad y salud en el trabajo

Las actividades de la Unión Europea (antes Comunidad Económica Europea) en materia de seguridad y salud en el trabajo se desarrollan esencialmente en el campo normativo.

La normativa comunitaria de seguridad y salud en el trabajo es de dos tipos:

■ La propiamente denominada así, que trata de la seguridad y salud en el centro de trabajo.
■ La normativa de seguridad para el producto.

La primera es la normativa de carácter laboral, que tiene como objetivo la protección de la salud e integridad física de los trabajadores; va dirigida esencialmente a los empresarios, por ser estos quienes, en el marco de la relación laboral, determinan las condiciones en que se realiza el trabajo. Por su parte, la normativa de seguridad en el producto, dirigida básicamente a los fabricantes, tiene como objetivo la protección de los consumidores o usuarios, buscando que solo puedan comercializarse (y, por tanto, consumirse o usarse) productos seguros.

Dos son las formas principales en las que la Unión Europea desarrolla sus normas: la directiva y el reglamento.

Directiva

Una directiva tiene por finalidad establecer los objetivos que deben lograr los Estados miembros, dejándoles elegir los medios para hacerlo. La directiva puede ir dirigida a uno, a varios o a todos los Estados miembros. Para que los principios en ella establecidos surtan efecto para los ciudadanos, el legislador nacional debe adoptar una norma de derecho interno que adecúe el ordenamiento jurídico nacional a los objetivos de la directiva.

Es decir, el hecho de que se publique una directiva no obliga a que los ciudadanos de los Estados miembros de la Unión Europea la cumplan. Es preciso que cada país la trasponga a su legislación. Para ello, en el caso de España, es preciso que el Parlamento apruebe una ley o un real decreto donde se concrete y particularice lo que la directiva indica.

 **Importante**

La trasposición no es una simple traducción, sino una adaptación a las peculiaridades
de cada país.

El objetivo de la directiva es armonizar la legislación, en determinadas materias, de todos los países de la Unión. La idea es que la legislación respete
unos mínimos, aunque cada país tenga sus particularidades.

Se han publicado más de 70 directivas relacionadas con la seguridad y la
salud. A continuación, se enumeran las cuatro primeras vigentes junto con la
legislación española que las traspone. Se comienza por la denominada Directiva Marco, que es la que crea el armazón sobre el que se asienta la prevención
en la Unión Europea.

- Directiva 89/391/CEE del Consejo, de 12 de junio de 1989, relativa
  a la aplicación de medidas para promover la mejora de la seguridad y
  de la salud de los trabajadores en el trabajo (Directiva Marco), que se
  traspone como la Ley 31/1995, de 8 de noviembre, de Prevención de
  Riesgos Laborales.
- Directiva 89/654/CEE del Consejo, de 30 de noviembre de 1989, relativa a las disposiciones mínimas de seguridad y de salud en los lugares
  de trabajo, que se traspone como el Real Decreto 486/1997, de 14 de
  abril, por el que se establecen las disposiciones mínimas de seguridad y
  salud en los lugares de trabajo.
- Directiva 2009/104/CE del Parlamento Europeo y del Consejo, de 16 de
  septiembre de 2009, relativa a las disposiciones mínimas de seguridad
  y de salud para la utilización por los trabajadores en el trabajo de los
  equipos de trabajo (segunda Directiva específica con arreglo al artículo
  16, apartado 1, de la Directiva 89/391/CEE).
- Directiva 89/656/CEE del Consejo, de 30 de noviembre de 1989, relativa a las disposiciones mínimas de seguridad y de salud para la utilización
  por los trabajadores en el trabajo de equipos de protección individual,

que se traspone como el Real Decreto 773/1997, 30 de mayo, sobre disposiciones mínimas de seguridad y salud relativas a la utilización por los trabajadores de equipos de protección individual.

Recuerde

El objetivo de la directiva es armonizar la legislación, en determinadas materias, de todos los países de la Unión. La idea es que la legislación respete unos mínimos, aunque cada país tenga sus particularidades.

Reglamento

Un reglamento, por su parte (y según la Comisión Europea), es una norma general y completamente obligatoria. El reglamento es directamente aplicable y crea derecho, al ser obligatorio de inmediato en todos los Estados miembros, con el mismo rango que una ley nacional y sin ninguna otra intervención de las autoridades del país.

El número de reglamentos es mucho menor, un par de ejemplos son los siguientes:

- Reglamento (CE) n.º 1907/2006 del Parlamento Europeo y del Consejo, de 18 de diciembre de 2006, relativo al registro, la evaluación, la autorización y la restricción de las sustancias y mezclas químicas (REACH), por el que se crea la Agencia Europea de Sustancias y Mezclas Químicas, se modifica la Directiva 1999/45/CE y se derogan el Reglamento (CEE) n.º 793/93 del Consejo y el Reglamento (CE) n.º 1488/94 de la Comisión, así como la Directiva 76/769/CEE del Consejo y las Directivas 91/155/CEE, 93/67/CEE, 93/105/CE y 2000/21/CE de la Comisión.
- Reglamento (CE) n.º 1107/09 del Parlamento Europeo y del Consejo, de 21 de octubre de 2009, relativo a la comercialización de productos

fitosanitarios y por el que se derogan las directivas 79/117/CEE y 91/414/CEE del Consejo.

7. Organismos públicos relacionados con la seguridad y salud en el trabajo

Uno de los organismos públicos más importantes relacionados con la seguridad y salud en el trabajo es el Instituto Nacional de Seguridad y Salud en el Trabajo.

El Instituto Nacional de Seguridad y Salud en el Trabajo (INSST) es el órgano científico técnico especializado de la Administración General del Estado que tiene como misión el análisis y estudio de las condiciones de seguridad y salud en el trabajo, así como la promoción y apoyo a la mejora de las mismas. Para ello establecerá la cooperación necesaria con los órganos de las comunidades autónomas con competencias en esta materia.

El Instituto fomentará y prestará apoyo a la realización de actividades de promoción de la seguridad y salud en el trabajo por parte de las comunidades autónomas y de la Administración General del Estado, con los que establecerá las necesarias acciones de cooperación, así como fomentará y prestará apoyo a la realización de las mencionadas actividades promovidas por las organizaciones de empresarios y de trabajadores que tengan la consideración de más representativas a nivel estatal y en general, por parte de entidades cuyas actuaciones puedan contribuir a la mejora de las condiciones de seguridad y salud en el trabajo.

7.1. Organismos nacionales

Los organismos nacionales relacionados con la prevención de riesgos laborales pueden clasificarse en dos grandes grupos: los que surgen de la LPRL y los que son anteriores a ella. Entre los primeros, se pueden destacar la Comisión Nacional de Seguridad y Salud en el Trabajo y la Fundación para la Prevención de Riesgos Laborales. Entre los segundos, el Instituto Nacional de Seguridad e Higiene en el Trabajo y la Inspección de Trabajo y Seguridad Social.

Comisión Nacional de Seguridad y Salud en el Trabajo

Según indica el artículo 13 de la LPRL, la Comisión Nacional de Seguridad y Salud en el Trabajo (CNSST) es un órgano colegiado asesor de las Administraciones Públicas en la formulación de las políticas de prevención y un órgano de participación institucional en materia de seguridad y salud en el trabajo.

La comisión está formada por un representante de cada una de las comunidades autónomas y por igual número de miembros de la Administración General del Estado y, paritariamente con todos los anteriores, por representantes de las organizaciones empresariales y sindicales más representativas.

 Nota

Según esto, hay 19 representantes de las comunidades (incluidas las Ciudades Autónomas de Ceuta y Melilla) y 19 representantes de los ministerios. Lógicamente, el ministerio que cuenta con más representantes es el que tiene atribuidas las competencias de trabajo. Paralelamente, las organizaciones empresariales tienen también 19 representantes, igual que las organizaciones sindicales.

Fundación para la Prevención de Riesgos Laborales

Se crea por mandato de la Disposición Adicional Quinta de la LPRL y su composición es similar a la de la CNSST, aunque los representantes de cada una de las cuatro partes no han de ser los mismos. Su actuación se dirige principalmente, aunque no de forma exclusiva, a las pequeñas y medianas empresas y realiza cuatro tipos diferentes de acciones:

- Información.
- Asistencia técnica.
- Formación.
- Promoción del cumplimiento de la normativa.

Instituto Nacional de Seguridad y Salud en el Trabajo

Según el artículo 8 de la LPRL, el Instituto Nacional de Seguridad y Salud en el Trabajo (INSST) es el órgano científico-técnico especializado de la Administración General del Estado que tiene como misión el análisis y estudio de las condiciones de seguridad y salud en el trabajo, así como la promoción y apoyo a la mejora de las mismas. Para ello, establece la cooperación necesaria con los órganos de las comunidades autónomas en la materia. Como es un órgano técnico, está integrado por trabajadores especialistas, que son funcionarios de carrera.

Sus funciones se pueden resumir en los siguientes apartados:

- Asesoramiento técnico en la elaboración de la normativa legal.
- Promoción y, en su caso, realización de actividades de formación, información, investigación, estudio y divulgación en materia de prevención de riesgos laborales.
- Apoyo técnico y colaboración con la Inspección de Trabajo y Seguridad Social en el cumplimiento de su función de vigilancia y control.
- Colaboración con organismos internacionales y desarrollo de programas de cooperación internacional en este ámbito.

El Instituto tiene, además de los servicios centrales y dos gabinetes en Ceuta y Melilla, cuatro sedes que se dedican a estudiar diferentes cuestiones relacionadas con la prevención:

- En Madrid, está el Centro Nacional de Nuevas Tecnologías.
- En Sevilla, el Centro Nacional de Medios de Protección.

- En Vizcaya, el Centro Nacional de Verificación de Maquinaria.
- En Barcelona, el Centro Nacional de Condiciones de Trabajo.

Inspección de Trabajo y Seguridad Social

Este organismo, que ya existía antes de la aprobación de la LPRL, tiene encomendada la vigilancia y el control de la normativa sobre prevención de riesgos laborales. Sus trabajadores son también funcionarios de carrera y, de forma resumida, sus funciones, según el artículo 9 de la LPRL, son las siguientes:

- Vigilar el cumplimiento de la normativa sobre prevención de riesgos laborales, proponiendo a la autoridad laboral competente la sanción correspondiente, cuando comprobase una infracción.
- Asesorar e informar a las empresas y a los trabajadores sobre la manera más efectiva de cumplir las disposiciones cuya vigilancia tiene encomendada.
- Elaborar los informes solicitados por los Juzgados de lo Social en las demandas relacionadas con accidentes de trabajo y enfermedades profesionales.
- Informar a la autoridad laboral sobre los accidentes de trabajo mortales y muy graves.
- Ordenar la paralización inmediata de trabajos cuando, a juicio del inspector, se advierta la existencia de riesgo grave e inminente para la seguridad o salud de los trabajadores.

 Nota

En Andalucía, por ejemplo, la autoridad laboral competente es la Consejería de Empleo, Empresa y Trabajo Autónomo.

7.2. Organismos de carácter autonómico

Cada autonomía, en el ejercicio de sus funciones, puede crear, a través del órgano que posea las competencias en materia de prevención de riesgos laborales, los organismos que considere oportunos. Se presenta, como ejemplo, la situación en un par de autonomías.

En Andalucía, el organismo relacionado con la seguridad y salud en el trabajo es el Consejo Andaluz de Prevención de Riesgos Laborales, que es un órgano de participación en materia de seguridad e higiene y salud de los trabajadores, desde el que se orientan, impulsan y coordinan las actuaciones en materia de prevención de riesgos laborales que posibiliten la mejora de las condiciones de trabajo y disminuyan la siniestralidad laboral en Andalucía. Está compuesto por 8 representantes de la Junta de Andalucía, 8 representantes de las organizaciones sindicales y otros 8 de las organizaciones empresariales. Entre sus funciones, se encuentran:

- Informar de las líneas de actuación de la Junta de Andalucía en materia de prevención de riesgos laborales y de mejora de las condiciones de trabajo.
- Proponer actuaciones concretas orientadas a la prevención de riesgos laborales y a la mejora de las condiciones de trabajo.
- Plantear estudios preventivos-laborales y planes integrales de actuación en sectores, actividades o concretas.
- Participar en el establecimiento de la planificación anual de actividades de los Centros de Prevención de Riesgos Laborales.

En la Comunidad de Madrid, se crea el Observatorio para la Prevención de Riesgos Laborales, dependiente de la Consejería de Empleo, Mujer e Inmigración. Este órgano está compuesto por cuatro grupos de vocales: 4 expertos de reconocido prestigio, 6 pertenecientes a la administración, 4 pertenecientes a organizaciones empresariales y 4 pertenecientes a organizaciones sindicales.

Es un órgano técnico consultivo y de asesoramiento dotado, entre otras, de las siguientes competencias:

■ Analizar en profundidad los datos de siniestralidad laboral en la Comunidad de Madrid, prioritariamente en relación con las causas de los accidentes de trabajo y las enfermedades profesionales, y formular propuestas de planes estratégicos.

■ Realizar estudios y propuestas en materia de prevención de riesgos laborales.

■ Impulsar respuestas sobre buenas prácticas en materia de prevención de riesgos laborales.

■ Formular propuestas sobre proyectos I+D+I en materia de prevención de riesgos laborales.

8. Resumen

El trabajo es un bien que procura al trabajador lo que necesita para vivir y no solo en un sentido material. Pero el trabajo también puede menoscabar la salud del trabajador. Cuando se habla de salud, no solo se debe considerar su dimensión física, sino además la mental y la social. El trabajo, por tanto, presenta riesgos, unos comunes con otros trabajos y otros específicos.

Si se quiere medir qué consecuencias tienen los riesgos en los trabajadores, se recurre a la estadística, que utiliza fundamentalmente el índice de incidencia y el índice de frecuencia para comparar la siniestralidad entre los distintos sectores económicos o entre las distintas empresas dedicadas a una misma actividad.

El primer objetivo ante un riesgo debe ser su eliminación, pero no siempre es posible. Entonces, se ha de evaluar para determinar si su presencia puede causar un daño significativo en la salud del trabajador. Muchos son los métodos de evaluación y algunos, como el de cuestionarios del INSHT, están pensados como un primer paso que puede ser aplicado por personal no experto en prevención.

Cuando un riesgo se materializa, se puede producir un accidente, si el daño se produce de forma brusca, una enfermedad profesional o una enfermedad relacionada con el trabajo.

Los poderes públicos tienen el deber de velar por la seguridad y salud de los trabajadores. Para ello, crean normas que fijan las condiciones mínimas en las que los trabajadores deben desarrollar su tarea y vigilan que se cumplan. Para cumplir con este deber, existe una serie de organismos públicos. La meta es que ningún trabajador ni ninguna trabajadora pierda su salud en el trabajo, ni siquiera que su salud se deteriore como consecuencia del mismo.

Ejercicios de repaso y autoevaluación

1. ¿Por qué modelos organizativos puede optar una empresa de 300 trabajadores que no se dedica a una actividad especialmente peligrosa?

    a. El empresario puede asumir la prevención o puede designar a varios trabajadores.
    b. El empresario debe constituir un servicio de prevención propio.
    c. El empresario puede constituir un servicio de prevención propio o concertar la prevención con un servicio de prevención ajena.
    d. El empresario puede constituir un servicio de prevención propio, puede designar a varios trabajadores o concertar la prevención con un servicio de prevención ajena.

2. ¿Cuál es el índice de incidencia de una empresa de 150 trabajadores que en el último año ha sufrido 10 accidentes de trabajo con baja?

    a. 6.667
    b. 0,067
    c. 15
    d. 1.500.000

3. ¿Quién es el responsable de seguridad e higiene de las condiciones de trabajo?

    a. Los poderes públicos.
    b. Los empresarios.
    c. Los trabajadores.
    d. Los trabajadores y los empresarios.

4. ¿Qué se debe hacer con los riesgos, en primer lugar, si es posible?

    a. Evaluarlos
    b. Protegerse de ellos
    c. Eliminarlos
    d. Atenuarlos

5. ¿Qué organismo público tiene como función vigilar el cumplimiento de la normativa sobre prevención de riesgos laborales, proponiendo a la autoridad laboral competente la sanción correspondiente, cuando comprobase una infracción?

    a. El Instituto Nacional de Seguridad y Salud en el Trabajo.
    b. La Fundación para la Prevención de Riesgos Laborales.
    c. La Comisión Nacional de Seguridad y Salud en el Trabajo.
    d. La Inspección de Trabajo y Seguridad Social.

6. ¿Qué organismo público tiene como función el asesoramiento técnico en la elaboración de la normativa legal?

    a. El Instituto Nacional de Seguridad y Salud en el Trabajo.
    b. La Fundación para la Prevención de Riesgos Laborales.
    c. La Comisión Nacional de Seguridad y Salud en el Trabajo.
    d. La Inspección de Trabajo y Seguridad Social.

7. El trabajo es:

    a. Exclusivamente un beneficio para el trabajador.
    b. Un beneficio para el trabajador, aunque a veces pueda producir ciertos daños.
    c. Exclusivamente un perjuicio para el trabajador.
    d. Un perjuicio para el trabajador, aunque a veces pueda producir ciertos beneficios.

8. Un hombre camina, como todos los días, hacia su trabajo y, cruzando un paso de peatones, es atropellado por un ciclista, lo que le produce ciertas lesiones. ¿Cuál de las siguientes afirmaciones es verdadera?

    a. No es un accidente de trabajo, porque el responsable es claramente el ciclista.
    b. No es un accidente de trabajo, porque no ocurre en el trabajo.
    c. Es un accidente de trabajo *in itinere*.
    d. Es un accidente de trabajo como cualquier otro.

9. ¿A quién no se aplica la Ley de Prevención de Riesgos Laborales?

    a. A los funcionarios.

    b. A todos los trabajadores cuya relación laboral está regulada por el Estatuto de los Trabajadores.

    c. A los trabajadores de las cooperativas.

    d. A las empleadas de hogar.

10. Para que una enfermedad sea considerada profesional...

    a. ... debe estar incluida en una lista de enfermedades profesionales.

    b. ... debe estar originada exclusivamente por el trabajo.

    c. ... debe haberse contraído en el trabajo.

    d. ... debe ser diagnosticada por el médico de la mutua.

Capítulo 2

Riesgos generales y su prevención

Contenido

1. Introducción

Los riesgos a los que un trabajador está expuesto como consecuencia de su actividad laboral pueden ser muy variados y dependen fundamentalmente de cuál sea la actividad. Sin embargo, existen una serie de riesgos que, en mayor o menor medida, están presentes en todas las actividades. Esta unidad se encargará de ellos, mientras que más adelante se tratarán los específicos de la instalación y el mantenimiento de sistemas de climatización y ventilación-extracción.

Para combatir los riesgos generales a los que está expuesto el trabajador, estos se clasifican en función del agente que los provoca. Hay riesgos debidos a los equipos de trabajo que el trabajador utiliza (herramientas, máquinas o instalaciones). Otros están relacionados con el almacenamiento y transporte de cargas y otros con los agentes físicos, químicos y biológicos presentes.

Cuando, a pesar de haber intentando eliminar o, al menos, reducir cada uno de estos riesgos, sigue estando amenazada la seguridad y la salud del trabajador, es necesario recurrir a la protección. Esta debe ser preferentemente colectiva y, en último caso, individual, es decir, llevada o portada por el trabajador.

2. Riesgos en el manejo de herramientas y equipos

El Real Decreto 1215/1997 y su modificación, por el que se establecen las disposiciones mínimas de seguridad y salud para la utilización por los trabajadores de los equipos de trabajo, define equipo de trabajo como "cualquier máquina, aparato, instrumento o instalación utilizados en el trabajo".

En este manual, por razones prácticas, se estudiarán los riesgos asociados a las herramientas y las máquinas en este apartado y los correspondientes a sistemas e instalaciones posteriormente. No se ha de olvidar, por ello, que tanto las herramientas manuales, como las máquinas, como las instalaciones tienen la consideración de equipos de trabajo.

Otro punto es importante aclarar antes de comenzar. Cuando se habla de utilizar un equipo de trabajo, por ejemplo una prensa, no solo se hace referencia a la manipulación que realiza sobre ella el operario durante el desarrollo habitual del trabajo.

 Importante

Utilizar un equipo de trabajo es cualquier actividad referida a ese equipo, tal como la puesta en marcha o la detención, el empleo, el transporte, la reparación, la transformación, el mantenimiento y la conservación, incluida, en particular, la limpieza. Según la normativa son todos estos aspectos los que hay que tener en cuenta para garantizar que un equipo de trabajo es seguro.

2.1. Herramientas manuales

Las herramientas manuales son equipos de trabajo que se caracterizan porque generalmente son usados por un solo operario que las acciona con su esfuerzo. El hecho de que se utilicen en la práctica totalidad de las actividades industriales confiere al estudio de sus riesgos una importancia especial, ya que la mayoría de los trabajadores están expuestos a ellos. Esta es la causa de que el INSST haya desarrollado una serie de notas técnicas de prevención, de la 391 a la 393, sobre las condiciones generales de seguridad de las herramientas.

Sin particularizar en ninguna herramienta, las principales conductas que entrañan riesgo son:

1. Abuso de herramientas para efectuar cualquier tipo de operación.
2. Uso de herramientas defectuosas, de mala calidad o mal diseñadas.
3. Uso de herramientas de forma incorrecta.
4. Herramientas abandonadas en lugares peligrosos.
5. Herramientas transportadas de forma peligrosa.
6. Herramientas mal conservadas.

 Ejemplo

Estas conductas que entrañan riesgo pueden traducirse, entre otros malos usos, en:

1. El uso de una navaja o un cuchillo a modo de destornillador.
2. Utilizar herramientas que no cumplen las normativas europeas de libre circulación y comercio y no llevan marcado CE.
3. No utilizar guantes y protección ocular al usar una machota y un cincel.
4. Dejar una herramienta dentro de una máquina tras efectuar una reparación.
5. Guardar y trasladar sierras u hojas de sierra sin la protección adecuada.
6. No engrasar herramientas con partes móviles, como los alicates.

Los principales riesgos que conllevan las conductas anteriores son:

- Golpes y cortes en manos.
- Lesiones oculares por partículas desprendidas.
- Golpes en diferentes partes del cuerpo.
- Esguinces por sobreesfuerzos o gestos violentos.

Para evitar los riesgos arriba enumerados, es preciso cumplir las siguientes medidas preventivas, que se vinculan con las obligaciones del empresario relacionadas con los equipos de trabajo y, en particular, con las herramientas.

- Seleccionar la herramienta correcta para el trabajo a realizar. Para ello, es necesario que el empresario ponga a disposición de los trabajadores las herramientas adecuadas al trabajo que se realice.
- Uso correcto de las herramientas, para lo cual el empresario tendrá que informar y formar sobre las condiciones y forma correcta de utilización de las mismas.
- Guardar las herramientas en lugar seguro, para lo cual el empresario deberá habilitar el citado lugar.
- Mantenimiento de las herramientas en buen estado.
- Evitar un entorno que dificulte su uso correcto.
- Asignar herramientas a cada operario siempre que sea posible.

Aunque es frecuente suponer que la mayoría de los trabajadores sabe cómo utilizar las herramientas manuales más corrientes, no está de más recordar algunas medidas preventivas relativas a algunas de las herramientas más utilizadas en la instalación y el mantenimiento de las instalaciones de climatización y ventilación-extracción.

Alicates

Los alicates son herramientas manuales diseñadas para sujetar, doblar o cortar. Las partes principales que los componen son las quijadas, cortadores de alambre, tornillo de sujeción y el mango con aislamiento.

 Nota

Existen diferentes tipos de alicates, en función de las características específicas que tenga cada una de sus partes.

Partes de unos alicates

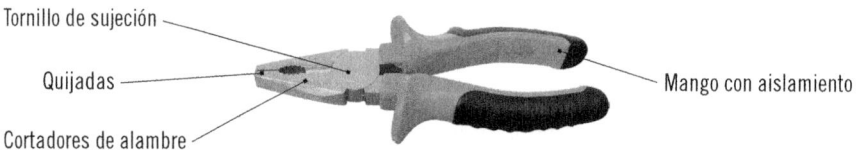

Tornillo de sujeción

Quijadas

Cortadores de alambre

Mango con aislamiento

Los criterios de utilización para evitar riesgos son:

- Utilizar exclusivamente para sujetar, doblar o cortar.
- No utilizar para cortar materiales más duros que las quijadas, por ejemplo acero templado.
- No colocar los dedos entre los mangos para evitar el posible aplastamiento.
- No golpear piezas u objetos con los alicates a modo de martillo.

- No utilizar en lugar de las llaves, ya que pueden resbalar. Además, deteriorarán las cabezas de las tuercas, desgastándolas y dejando marcas sobre ellas.
- Por último, recordar que para un correcto mantenimiento de la herramienta se ha de engrasar periódicamente el tornillo de sujeción.

Destornilladores

Los destornilladores son herramientas de mano diseñadas para apretar o aflojar los tornillos. Las partes principales de un destornillador son el mango, la cuña o vástago y la hoja o boca.

Partes de un destornillador

Hoja o boca

Cuña o vástago

Mango

Los criterios de utilización para evitar riesgos son:

- Utilizar solo para apretar o aflojar tornillos.
- Utilizar un tamaño y forma ajustados a la cabeza del tornillo.
- Emplear siempre que sea posible sistemas mecánicos de atornillado o desatornillado
- No utilizar en lugar de punzones, cuñas, palancas o similares.
- No sujetar con las manos la pieza a trabajar, sobre todo si es pequeña. En su lugar debe utilizarse un banco o superficie plana o sujetarla con un tornillo de banco.
- Por último, recordar que la punta debe conservarse bien perfilada, con sus lados paralelos y no retorcidos.

Llaves

Existen dos tipos de llaves, las de boca fija y las de boca ajustable. Ambas están diseñadas para realizar esfuerzos de torsión, para apretar o aflojar tornillos y tuercas.

Los criterios de utilización para evitar riesgos son:

- Utilizar preferentemente llaves de boca fija a llaves de boca ajustable.
- Efectuar la torsión girando hacia el operario, nunca empujando.
- Utilizar una llave de dimensiones adecuadas al perno o tuerca a apretar o desapretar.
- Utilizar la llave de forma que esté completamente abrazada a la tuerca, asentada y formando ángulo recto con el eje del tornillo que aprieta.
- Al girar asegurarse que los nudillos no se golpean contra algún objeto.
- Para tuercas difíciles de aflojar, utilizar llaves de tubo, que tienen más resistencia. No debe sobrecargarse la capacidad de una llave utilizando una prolongación de tubo sobre el mango o golpeando este con un martillo. Con este tipo de prácticas, la llave podría partirse al superarse el esfuerzo para el que está diseñada.
- No utilizar las llaves para golpear.
- Cuando se usan llaves de boca ajustable, deben colocarse de forma tal que la fuerza se haga sobre la parte fija. Tirar siempre de la llave evitando empujar sobre ella.

 Aplicación práctica

En una operación de mantenimiento de un equipo de trabajo se debe retirar una carcasa que está fijada mediante 4 tuercas. El trabajador utiliza una llave ajustable de la forma que se muestra en la imagen ¿qué prácticas incorrectas observa?

SOLUCIÓN

En primer lugar, dado que la operación de mantenimiento se realizará en más de una ocasión, el trabajador debería emplear una llave fija en lugar de una ajustable. En el caso de que no la tuviera disponible, debería solicitarla.

Además, la llave que usa parece ser pequeña en comparación con el tamaño de la tuerca que tiene que aflojar y, al terminar, apretar.

Por otro lado, ejecuta la maniobra de forma incorrecta, ya que debería aplicar el esfuerzo en la dirección de su cuerpo y no hacia afuera.

Por último, la llave también está colocada erróneamente, ya que la parte de la misma que soporta el esfuerzo debería ser la fija y no la ajustable.

Sierras

Las sierras son herramientas diseñadas para cortar materiales. Se componen de un bastidor en forma de arco, una hoja, un mango y una tuerca para fijar la hoja. Los criterios de utilización para evitar riesgos son:

- Antes de serrar, fijar firmemente la pieza.
- Utilizar una sierra para cada trabajo, en función de la dureza del material a cortar, con la hoja tensada, aunque no excesivamente.
- Instalar la hoja en la sierra teniendo en cuenta que los dientes deben estar alineados hacia la parte opuesta del mango.
- Utilizar la sierra cogiendo el mango con la mano derecha, quedando el dedo pulgar en la parte superior del mismo y la mano izquierda el extremo opuesto del arco.
- Serrar tubos o barras girando la pieza.

Utilización de la sierra

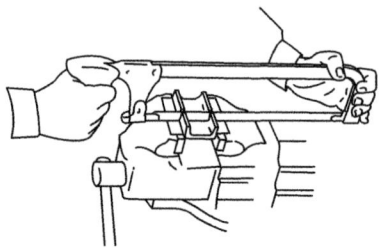

 Nota

El corte se realiza dando a ambas manos un movimiento de vaivén y aplicando presión contra la pieza cuando la sierra es desplazada hacia el frente, dejando de presionar cuando se retrocede.

Tijeras

En el contexto de este manual, son herramientas diseñadas para cortar chapa.

Los criterios de utilización para evitar riesgos son:

- Utilizar solo la fuerza manual para cortar, absteniéndose de utilizar otros medios para obtener fuerza suplementaria.
- Realizar los cortes en dirección contraria al cuerpo.
- Las tijeras deben ser lo suficientemente resistentes como para que el operario solo necesite una mano y pueda emplear la otra para separar los bordes del material cortado.
- Si las tijeras disponen de sistema de bloqueo, accionarlo cuando no se utilicen.
- Utilizar vainas de material duro para el transporte.
- No utilizar tijeras con las hojas melladas.
- No utilizar las tijeras como martillo o destornillador.

Consejo

Si se es diestro, se debe cortar de forma que la parte cortada desechable quede a la derecha de las tijeras y a la inversa si se es zurdo.

2.2. Máquinas

El Real Decreto 1644/2008, de 10 de octubre, por el que se establecen las normas para la comercialización y puesta en servicio de las máquinas, define máquina como:

Conjunto de partes o componentes vinculados entre sí, de los cuales al menos uno es móvil, asociados para una aplicación determinada, provisto o destinado a estar provisto de un sistema de accionamiento distinto de la fuerza humana o animal, aplicada directamente.

Las máquinas facilitan enormemente el trabajo y la vida de las personas. De hecho, la mayoría de los bienes materiales que están disponibles en la sociedad, lo están gracias a las máquinas. Sin embargo, suponen para el trabajador un elevado número de riesgos, de diferente tipo, que se exponen a continuación:

- **Riesgos mecánicos:** aplastamiento, cizallamiento, corte, atrapamiento, impacto, punzonamiento y fricción.
- **Riesgos eléctricos:** cortocircuitos, contactos directos e indirectos.
- **Riesgos térmicos:** quemaduras.
- **Riesgos de incendio y explosión:** estos pueden ser consecuencia, entre otros factores, del uso de combustibles en algunas máquinas o del uso de aire comprimido.
- **Riesgos higiénicos:** ruido, vibraciones, radiaciones, etcétera.
- **Riesgos ergonómicos:** consecuencia de la incorrecta adaptación de la máquina a la anatomía del operario.

Aplicación práctica

Las carretillas elevadoras que se usan en el interior de las naves industriales deben ser eléctricas. Si tuvieran un motor de combustión, el monóxido de carbono y el dióxido de carbono que desprenden estos motores, unido a una mala ventilación, podrían provocar la asfixia y/o intoxicación de los trabajadores.

Indique los riesgos que supone para el trabajador la utilización de una carretilla elevadora o "torito", que se emplea en el interior de una nave de una empresa de climatización.

SOLUCIÓN

Sin afán de exhaustividad, se enumeran a continuación los referidos riesgos.

En el apartado de riesgos mecánicos, el uso de carretillas elevadoras expone al trabajador al riesgo de aplastamiento, especialmente para el conductor en el caso de vuelco de la carretilla. También está presente el riesgo de atrapamiento, que se materializa cuando la carga se manipula sin visibilidad y se atrapa a un compañero entre ella y una pared u otra carga. Otro riesgo es el de impacto, en el caso de que la carga o la propia carretilla golpeen a un trabajador.

El riesgo eléctrico también está presente, ya que, por estar prevista para su funcionamiento dentro de una nave, la carretilla tiene que funcionar con baterías eléctricas.

En el apartado de los riesgos higiénicos, están presentes el ruido y las vibraciones. Es cierto que las carretillas eléctricas hacen poco ruido y se mueven sobre suelos nivelados, lo que reduce las vibraciones, pero también es cierto que la propia manipulación de las cargas produce ruidos y vibraciones.

Por último, también están presentes los riesgos ergonómicos, especialmente en lo referido al asiento del conductor, ya que en él puede pasar varias horas.

Componentes de las máquinas

Desde el punto de vista de la prevención, los elementos móviles de las máquinas, que son los causantes de muchos de sus riesgos, se pueden clasificar en dos grandes grupos:

- **Elementos móviles de transmisión,** es decir, elementos móviles que no ejercen una acción directa sobre el material a trabajar y cuya función no es otra que la de transmitir el movimiento desde el motor del equipo hasta el útil que actúa sobre la pieza.
- **Elementos móviles que intervienen en el trabajo,** es decir, los que ejercen directamente una acción sobre el material a trabajar.

 Ejemplo

Son elementos móviles de trabajo: herramientas, muelas, matrices, cilindros de laminación, de mezclado o de impresión, brazos de amasado, etcétera.

El criterio general es que no se debe poder acceder a los elementos de transmisión cuando están en movimiento. La forma más sencilla de conseguirlo es utilizando un resguardo fijo.

 Nota

El hecho de que la protección sea fija no quiere decir que no se pueda quitar, sino que para hacerlo será preciso el uso de herramientas: destornilladores, llaves, etcétera. La razón es que es frecuente que sea necesario acceder a esos órganos de trasmisión, por ejemplo para realizar tareas de mantenimiento, cuando la máquina está parada.

En el caso de los elementos de trabajo, lo idóneo es que, si la técnica lo permite, se impida al acceso. Es el caso de las máquinas automáticas, donde diferentes ciclos de trabajo se suceden sin que intervenga ningún operario.

Desgraciadamente, en muchas máquinas es imposible conseguir que todos los elementos móviles que realizan el trabajo sean inaccesibles, por ello es necesario recurrir a resguardos o a dispositivos de protección.

Por último, existen ciertos casos en los que, debido a las peculiaridades del proceso productivo, ni si quiera es posible el uso de dispositivos de protección. En esos casos, se recurre a otra serie de medidas que intentan reducir el riesgo al mínimo. Es el caso de la limitación de velocidad o el uso de mandos sensitivos, que hacen que los dispositivos peligrosos solo se muevan cuando el mando está siendo accionado (si se levanta la mano del mando el equipo se para). De esta manera, se evita que el trabajador pueda acercarse a la parte peligrosa del equipo, ya que si se separa, el equipo de detiene.

 Importante

Son los ingenieros encargados del diseño los que deben garantizar que el equipo es seguro, pero es tarea del operario no anular los dispositivos de seguridad e informar a sus jefes de cualquier anomalía que detecten en los mismos.

Aunque el operario no es el encargado de decidir qué resguardo o qué dispositivo de protección debe instalarse en la máquina que utiliza, sí es adecuado que tenga un conocimiento básico acerca de estos.

Resguardos

Los resguardos tienen como función impedir el acceso a los puntos de peligro de las máquinas. A la vez, pueden ser utilizados para proteger de otros peligros, por ejemplo para retener piezas, herramientas o fragmentos de ellas, en el caso de que salgan proyectadas; para retener emisiones de sustancias peligrosas (refrigerantes, vapores, gases, nieblas, polvo, etcétera.).

Los hay de dos tipos: fijos y móviles.

Es fácil darse cuenta de que un resguardo móvil, para cumplir su misión, debe de tener algo más, ya que de no ser así, al ser móviles, podría quitarse y ya no protegería al trabajador. Dos son las opciones más comunes:

Resguardo móvil con enclavamiento

En este caso, el resguardo lleva asociado un dispositivo que impide que la máquina se ponga en funcionamiento si el resguardo no está cerrado.

 Ejemplo

Aunque los electrodomésticos no se consideran máquinas, una muestra sería la puerta de un microondas: si la puerta no está cerrada el microondas no funciona.

Resguardo móvil con enclavamiento y bloqueo

En este caso, la máquina no funciona si el resguardo no está cerrado, pero, además, una vez cerrado, un mecanismo evita que se abra hasta que se pare la máquina.

 Ejemplo

La lavadora: mientras la puerta está abierta, la lavadora no comienza su ciclo de funcionamiento; una vez cerrada y con el equipo funcionando, la puerta no se abre hasta que la lavadora termina su programa normalmente o este es interrumpido por el usuario.

Además, los dispositivos anteriores pueden combinarse con un par más:

Resguardo asociado al mando

Una vez programado el equipo, es suficiente que se cierre el resguardo para que empiece a funcionar.

 Ejemplo

Caso de un lavavajillas integrado que tiene los mandos dentro: una vez programado, basta cerrar la puerta para que se ponga a funcionar.

Resguardo motorizado

La única variación, en este caso, es que el resguardo no se cierra manualmente, sino de forma automática, cuando el operario acciona un determinado control.

Dispositivos de protección

A diferencia de los resguardos, los dispositivos de protección no evitan físicamente que el trabajador entre en contacto con los elementos móviles de trabajo del equipo, pero sí evitan de una u otra manera el riesgo. Algunos son los siguientes:

Mando a dos manos

Es un dispositivo que hace que la máquina solo funcione cuando el operario acciona dos mandos que están colocados de tal manera que obligan a este a usar las dos manos.

Mando a dos manos

 Nota

La idea es sencilla, si la máquina solo funciona cuando el trabajador tiene las dos manos ocupadas, es imposible que estas entren en contacto con los órganos móviles de la máquina.

Dispositivos sensibles

Su objetivo es detectar la presencia del operario en la zona de seguridad y detener la máquina en caso de que se introduzca en ella. Hay de varios tipos, pero uno de ellos guarda cierta similitud con el detector fotoeléctrico que tienen las puertas de los garajes para evitar golpear a los vehículos. Cuando el coche interrumpe el haz fotoeléctrico, la puerta se detiene y vuelve a su posición anterior.

Dispositivos suplementarios

Como su nombre indica, estos dispositivos añaden un plus de seguridad a las máquinas que los incorporan. Hay de varios tipos, pero los más extendidos son los dos siguientes:

Parada de emergencia

Es un dispositivo que, tras su accionamiento en caso de emergencia, para la máquina en condiciones de seguridad en el menor tiempo posible. Además, la máquina no puede volver a ponerse en funcionamiento hasta que la parada de emergencia se haya desactivado.

Parada de emergencia

Importante

Este dispositivo no debe usarse jamás como alternativa a una medida de protección no implementada, sino que es siempre un añadido a la seguridad.

Dispositivo de consignación

Permite el bloqueo del apagado de una máquina, normalmente mediante un código o, de una forma más sencilla, mediante candados.

Ejemplo

Si se va a realizar una reparación en una máquina de grandes dimensiones, no es suficiente que el operario se asegure, al entrar, de que el equipo no está en funcionamiento. Alguien podría llegar cuando el primer trabajador está dentro de la máquina realizando la reparación y, sin saber que su compañero está en el interior, poner en funcionamiento la máquina y en peligro la vida del primero. Pues bien, el trabajador que entra en la máquina no solo verifica que está en condiciones de seguridad, sino que coloca en el dispositivo de consignación un candado cuya llave guarda y que, mientras permanezca colocado, impide que la máquina comience a funcionar.

Lo que no puede faltar en ninguna máquina

Además de todo lo anterior, cualquier trabajador que utiliza una máquina debe asegurarse de que esta cumple tres requisitos fundamentales:

Manual de instrucciones

Cualquier máquina que esté en funcionamiento debe tener su manual de instrucciones. Según la legislación, entre otras cosas, este manual debe incluir no solo la descripción del uso previsto de la máquina, sino las instrucciones de montaje e instalación, los planos y esquemas, la información sobre los riesgos para el trabajador y las medidas preventivas, incluyendo los equipos de protección individual, la descripción de las operaciones de reglaje y mantenimiento, etcétera.

Mandos

Cualquier máquina nueva deberá constar al menos de los siguientes órganos de accionamiento o mandos:

Puesta en marcha

La puesta en marcha de una máquina solo deberá poder efectuarse mediante una acción voluntaria ejercida sobre un órgano de accionamiento previsto a tal efecto.

Parada normal

Las máquinas estarán provistas de un órgano de accionamiento que permita su parada total en condiciones seguras.

Parada de emergencia

Las máquinas estarán provistas de uno o varios dispositivos de parada de emergencia por medio de los cuales se puedan evitar situaciones peligrosas que puedan producirse de forma inminente.

Nota

Están excluidas de esta obligación las máquinas portátiles y/o las máquinas guiadas a mano.

Selección de modos de mando o de funcionamiento

En el caso de que la máquina pueda utilizarse según varios modos de funcionamiento que requieran distintas medidas de protección y/o procedimientos de trabajo, deberá tener un mando exclusivo para cambiar de unos modos a otros.

Marcado CE

Por último, existe la idea generalizada de que todas las máquinas deben tener el marcado CE, sin embargo esto no es del todo cierto. Todas las máquinas nuevas, para simplificar baste decir que desde finales del siglo pasado, deben tener el marcado CE, pero las máquinas antiguas no. ¿Significa esto que las máquinas antiguas pueden no ser seguras? De ninguna manera. El artículo 3 del Real Decreto sobre equipos de trabajo indica claramente que:

En cualquier caso, el empresario deberá utilizar únicamente equipos que satisfagan:

Cualquier disposición legal o reglamentaria que les sea de aplicación.

Las condiciones generales previstas en el anexo I de este Real Decreto.

Sabía que...

Las siglas CE significan Conformidad Europea.

Es decir, una máquina antigua debe cumplir:

- El reglamento que estaba vigente cuando la máquina se fabricó.
- Las adaptaciones que reglamentos posteriores hayan establecido como obligatorias para máquinas fabricadas con anterioridad
- Todo lo que se indica en el Anexo I del Real Decreto 1215/1997. Según este anexo, por ejemplo, todas las máquinas deben tener un dispositivo de puesta en marcha y uno de parada normal y, además, si fuera necesario en función de los riesgos que presente el equipo de trabajo y del tiempo de parada normal, dicho equipo deberá estar provisto de un dispositivo de parada de emergencia.

 ### Aplicación práctica

La imagen muestra una electroesmeriladora de columna que fue adquirida en 1990. La máquina se utiliza para eliminar las rebabas de ciertas piezas. El operario debe sujetar la pieza con las manos y acercarla a uno de los discos abrasivos que el equipo posee.

Indique qué órganos de accionamiento se observan y cuáles faltan.

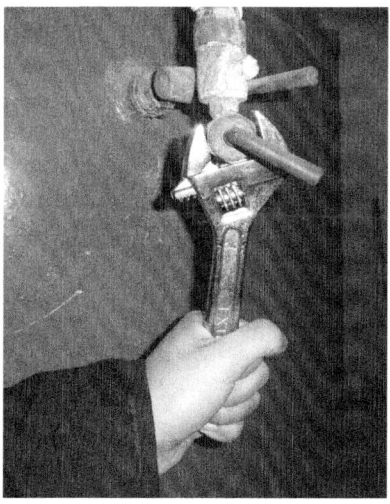

Continúa en página siguiente >>

<< Viene de página anterior

SOLUCIÓN

En la propia máquina hay un mando que selecciona entre la posición de encendido y apagado. Aparentemente la máquina no tiene ningún añadido por lo que cabe suponer que no ha sufrido ninguna adaptación en cumplimiento del Anexo I del Real Decreto de equipos de trabajo, para dotarla de un órgano independiente de puesta en marcha y otro de parada normal.

Por último la máquina no tiene parada de emergencia. Este órgano no es obligatorio ya que debe ser colocado "si fuera necesario". Es cierto que, en este caso, una vez accionada la parada de emergencia, el disco abrasivo seguirá girando por inercia de modo que la máquina no se detendrá al instante. El efecto sería el mismo que si se pulsa la parada normal.

Por lo tanto, al ser la máquina de 1990, podría no tener paro de emergencia, pero los órganos de puesta en marcha y parada normal deberían estar en el cuerpo de la máquina. Si la máquina fuera nueva, sí tendría que tener órgano de parada de emergencia, según el Real Decreto 1644/2008. Adicionalmente no debería dejar de comentarse que el entorno inmediato de la máquina está bastante desordenado.

---

3. Riesgos en la manipulación de sistemas e instalaciones

Las instalaciones que se pueden encontrar en el entorno de trabajo son muy diversas. Unas son de carácter general, se pueden encontrar en otros lugares, incluso en los edificios de viviendas. Otras son específicas, se utilizan para un proceso concreto y no están tan extendidas.

 Ejemplo

Entre las primeras se pueden enumerar las siguientes: instalación eléctrica de baja tensión, instalación de iluminación, instalación de fontanería, instalación de saneamiento, instalación de climatización, instalación de ventilación-extracción, instalación de protección contra incendios, etcétera. Entre las segundas, sin intención de ser exhaustivos, se encuentran: instalación de gases combustibles, instalación de aire comprimido, instalación frigorífica,

Continúa en página siguiente >>

<< Viene de página anterior

instalación eléctrica de media y alta tensión, instalación de centros de transformación, instalación de almacenamiento de productos químicos, etcétera.

Todas estas instalaciones tienen una normativa propia, elaborada por el Ministerio de Industria, que regula las condiciones en que deben ejecutarse las instalaciones, su puesta en servicio, sus revisiones, etcétera. Algunos ejemplos son:

- El Real Decreto 513/2017, que aprueba el nuevo Reglamento de instalaciones de protección contra incendios.
- El Real Decreto 842/2002, de 2 de agosto, por el que se aprueba el Reglamento electrotécnico para baja tensión y sus posteriores modificaciones.

Sin embargo, solo la instalación eléctrica tiene normativa específica en el ámbito de la prevención de riesgos laborales. En concreto, el Real Decreto 614/2001, de 8 de junio, sobre disposiciones mínimas para la protección de la salud y seguridad de los trabajadores frente al riesgo eléctrico.

Son varios los motivos que llevan a fijar el foco de atención de la prevención en la instalación eléctrica y, más en concreto, en el riesgo eléctrico.

1. La electricidad está presente en todos los lugares de trabajo.
2. Los riesgos de la electricidad no son visibles.
3. Los accidentes producidos por la electricidad son, en unos números significativos, graves o muy graves.

 Ejemplo

Así como, cuando se está delante de un martillo hidráulico, se perciben claramente sus riegos; no ocurre lo mismo cuando se está delante de un enchufe.

3.1. Riesgo eléctrico

La electricidad es una forma de energía que se transmite a través de un conductor, generalmente un cable, mediante el paso de una corriente de electrones. Para que los electrones se desplacen de un lugar a otro del conductor es necesario que, entre sus extremos, se establezca una diferencia de potencial.

 Sabía que...

La corriente eléctrica suele compararse con el paso de un fluido, por ejemplo agua, a través de una tubería. Para que el agua fluya por la tubería es necesario que, entre los extremos de la misma, exista una diferencia de potencial, de altura.

Los ingenieros se han encargado de que existan aparatos que sean capaces de aprovechar la electricidad para cientos de aplicaciones. La electricidad sirve para cosas tan dispares como exprimir naranjas, para enfriar refrescos, para ver películas, etcétera.

Desde el punto de vista de la prevención, interesa estudiar los riesgos que la electricidad tiene para el trabajador y los efectos que tiene sobre el organismo en el caso de que circule por él.

Los riesgos de la electricidad dependen fundamentalmente de que se produzca paso de electricidad por el cuerpo humano, o no.

- Cuando hay paso de corriente:

  - Muerte por paro cardiaco o asfixia, en el más grave de los supuestos.
  - Quemaduras internas o externas, que se producen como consecuencia de que el paso de la corriente genera calor.

▌ Lesiones secundarias, como golpes o caídas, que se producen con posterioridad al contacto eléctrico y como consecuencia del shock inicial sufrido por el trabajador.

■ Cuando no hay paso de corriente:

▌ Quemaduras por el arco eléctrico que se produce entre la parte en tensión de la instalación y la parte del cuerpo humano que se acerca a ella.
▌ Lesiones en los ojos.
▌ Lesiones secundarias, como la detonación de atmósferas explosivas en el caso de que el arco eléctrico se produzca en una atmósfera de especial inflamabilidad. Son ejemplos de este tipo de atmósferas las gasolineras, los almacenes de grano, etcétera.

En el caso más grave, cuando hay contacto eléctrico, el efecto que la corriente produce en el ser humano depende de una serie de factores que están determinados tanto por las características de la corriente como por el propio ser humano. Los factores más importantes son:

Resistencia y tensión

La resistencia y la tensión son los parámetros que determinan la cantidad de electricidad que atravesará el organismo, es decir, la intensidad.

 Nota

La resistencia eléctrica se mide en ohmios (Ω) y la diferencia de potencial o tensión en voltios (V).

Se ha indicado que para que haya paso de electrones es necesario que entre los extremos del conductor exista una diferencia de potencial, también denominada tensión. Cuanto mayor es la diferencia de potencial, más corriente pasa por el organismo. La resistencia es la oposición que presenta el cuerpo humano al paso de la corriente: cuanta menor resistencia, más corriente pasa.

La resistencia depende fundamentalmente de la humedad del cuerpo. Se distingue entre cuatro situaciones: seco, húmedo, mojado y sumergido. El trabajador estará seco en condiciones normales, estará húmedo si tiene las manos sudadas, mojado si está lloviendo y sumergido si está dentro del agua, por ejemplo en una fuente. Cuanto mayor es el grado de humedad, menor es la resistencia y, por tanto, más corriente atravesará al trabajador.

Intensidad

La intensidad es, junto con el tiempo de contacto, uno de los dos factores determinantes del efecto de la electricidad. Cuanta más intensidad, más daño. Es fácil comprender que los datos sobre el efecto de la corriente no son muy precisos, por la sencilla razón de que no se pueden hacer experimentos con humanos sobre este tema. Sin embargo, baste decir que hay corrientes, muy pequeñas, que no producen ningún efecto; otras grandes que producen el paro cardiaco con solo entrar en contacto con ellas y otras que, dependiendo del tiempo, pueden quedarse en un susto o resultar letales.

 Nota

La intensidad eléctrica se mide en amperios (A).

Trayectoria

La trayectoria de la corriente determina qué órganos pueden resultar o no afectados. La peor situación es que la corriente atraviese el corazón, esto depende de por dónde entre y salga la electricidad en el cuerpo humano.

 Ejemplo

Baste pensar que si la corriente entra por la mano derecha y sale por el pie derecho es más difícil que afecte al corazón que si entra por la mano izquierda y sale por el pie derecho.

Naturaleza de la corriente

La corriente eléctrica puede ser continua o alterna, es lo que se denomina naturaleza de la corriente. La primera es la que está presente en las pilas, las baterías y la que utilizan la gran mayoría de los equipos electrónicos; la segunda es la que se encuentra presente en las redes de distribución y los enchufes. Pues bien, para la misma intensidad de corriente, resulta más peligrosa la alterna que la continua.

Capacidad de respuesta del organismo

La capacidad de respuesta del organismo influye de formas muy diversas en los efectos del paso de la corriente por el mismo. El estado físico determina, entre otras cuestiones, la posibilidad que se tiene de retirar la mano tras el contacto. Los reflejos, el cansancio, la tasa de alcoholemia, son decisivas. El estado de la piel influye en la resistencia del organismo al paso de la corriente. El hecho de haber sufrido problemas cardiacos vuelve al corazón más vulnerable.

 Sabía que...

Cuando se entra en contacto con una corriente, unos de los primeros efectos es la tetanización, es decir, la contracción de los músculos. Por eso, si se toca un elemento en tensión con la mano abierta, esta se cierra automáticamente, dificultado que el afectado pueda soltarse.

3.2. Medidas preventivas ante el riesgo eléctrico

Como siempre ocurre en prevención, la base de una buena actuación es la formación. En concreto, en el caso del riesgo eléctrico, los procedimientos de trabajo son muy importantes, hasta el punto de que para la mayoría de los trabajos eléctricos es preciso tener una autorización, ya sea del propio empresario o de la Administración.

 Aplicación práctica

Para realizar una reparación en la instalación eléctrica de un edifico de oficinas se necesita dejar la instalación sin tensión. Para no interrumpir la actividad del centro de trabajo, se programa la actuación fuera del horario de oficina.

¿Tiene que tener el trabajador que realiza el corte alguna formación especial? ¿Cómo debe proceder?

SOLUCIÓN

Según la Guía técnica que ha publicado en INSHT sobre riesgo eléctrico, para dejar una instalación de baja tensión, como cabe suponer que es la del edificio de oficinas, sin tensión, es preciso que el trabajador que lo realice sea un trabajador autorizado.

Según el Real Decreto de riesgo eléctrico, este trabajador debe ser autorizado por el empresario para realizar determinados trabajos con riesgo eléctrico, en base a su capacidad para hacerlos de forma correcta, según los procedimientos establecidos.

El procedimiento establecido para suprimir la tensión es el siguiente:

1. Desconectar.
2. Prevenir cualquier posible realimentación.
3. Verificar la ausencia de tensión.
4. Poner a tierra y en cortocircuito.
5. Proteger frente a elementos próximos en tensión, en su caso, y establecer una señalización de seguridad para delimitar la zona de trabajo.

Para devolver la tensión a la instalación, se han de realizar los mismos pasos en orden inverso.

Resulta evidente que la aplicación práctica anterior hace referencia a trabajadores cuya ocupación está relaciona directamente con trabajos eléctricos. Sin embargo, ese no es el caso de la mayoría de los trabajadores. Cualquiera, en una oficina, en un comercio, en un centro educativo, está expuesto al riesgo eléctrico, aunque su trabajo no tenga que ver con la electricidad.

Se ha de suponer que cualquier instalación que cumple el Reglamento de baja tensión es segura y solo un uso incorrecto de ella puede dar lugar a un accidente. Por ello, a continuación se enumeran una serie de buenas prácticas que son aplicables por todos los trabajadores:

- Evitar, en la medida de lo posible, la utilización de bases múltiples (regletas móviles). No usar en ningún caso multiplicadores o ladrones.
- Evitar, en la medida de lo posible, el uso de alargaderas. Cuando, como solución temporal, sea inevitable: conectar primero el equipo a la alargadera y después esta a la toma de corriente. Al desconectar, realizarlo en orden inverso.
- No realizar nunca operaciones en líneas eléctricas, cuadros o equipos eléctricos si no se posee la formación necesaria para ello.
- No manipular nunca ningún elemento eléctrico con las manos mojadas, en ambientes húmedos o mojados accidentalmente (por ejemplo en caso de inundaciones).
- No retirar nunca los recubrimientos o aislamientos de las partes activas de los equipos eléctricos.

 Nota

Según el **Reglamento de baja tensión,** las instalaciones, en función de sus características, han de ser inspeccionadas con una determinada periodicidad.

4. Riesgos en el almacenamiento y transporte de cargas

La manipulación manual de cargas es una tarea que se realiza con bastante asiduidad en muchos sectores de actividad y, debido a esa frecuencia, constituye la mayor causa de daño a la salud del trabajador.

Zona de dolencias por manipulación manual de cargas en función del sector

Industria   Servicios   Construcción

▨ >40 %   ▥ 31-40 %   ⬚ 21-30 %   ▨ 11-20 %   ☐ ≤10 %

El Real Decreto 487/1997 establece las medidas de seguridad relativas a la manipulación manual de cargas y, en su artículo 2, indica que:

Se entenderá por manipulación manual de cargas cualquier operación de transporte o sujeción de una carga por parte de uno o varios trabajadores, como el levantamiento, la colocación, el empuje, la tracción o el desplazamiento, que por sus características o condiciones ergonómicas inadecuadas entrañe riesgos, en particular dorsolumbares, para los trabajadores.

Se considera que la manipulación manual de cargas entraña riesgos dorsolumbares cuando el peso sea superior de 3 kg.

 **Nota**

Las cargas inferiores a 3 kg de peso, si bien no entrañan riesgos dorsolumbares, sí pueden causar trastornos musculoesqueléticos en los miembros superiores debidos a esfuerzos repetitivos.

La Guía técnica para la evaluación y prevención de riesgos relativos a la manipulación manual de cargas establece como límites de cargas recomendadas los siguientes:

- Peso máximo en condiciones ideales:

  - 25 kg en general.
  - 15 kg para mujeres, trabajadores jóvenes o mayores, o si se quiere proteger a la mayoría de la población.

- Peso máximo en condiciones especiales:

  - 40 kg para trabajadores sanos y entrenados, manipulación esporádica y en condiciones seguras, evitar si se puede utilizando grúas, elevadores, etcétera.
  - Para fuerzas de empuje o tracción, a modo de indicación general, no se deberán superar los siguientes valores:

    - Para poner en movimiento una carga: 25 kg.
    - Para mantener una carga en movimiento: 10 kg.
    - Peso máximo en posición sentada: 5 kg en general.

Cuando se sobrepasen estos valores de peso, se deberán tomar medidas preventivas, de forma que el trabajador no manipule las cargas, o que consigan que el peso manipulado sea menor. Entre otras medidas, dependiendo de la situación concreta, se podría tomar alguna de las siguientes:

- Uso de ayudas mecánicas.
- Levantamiento de la carga entre dos o más personas.
- Reducción de los pesos de las cargas manipuladas.

 Importante

Las lesiones más frecuentes son: contusiones, cortes, heridas, fracturas y, sobre todo, lesiones músculo-esqueléticas. Se pueden producir en cualquier zona del cuerpo, pero son más sensibles los miembros superiores y la espalda y, en especial, la zona dorsolumbar.

Siempre, al manipular cargas, se han de seguir las siguientes indicaciones:

- Antes de levantar una carga, se ha de planificar y preparar la tarea y examinar la carga con objeto de decidir el punto de agarre más adecuado.
- Adoptar una correcta postura de levantamiento, doblar las piernas, manteniendo en todo momento la espalda derecha, y mantener el mentón metido. No flexionar demasiado las rodillas.
- No girar el tronco ni adoptar posturas forzadas.

No se debe girar el tronco ni adoptar posturas forzadas

- Separar los pies hasta lograr una postura estable y equilibrada para el levantamiento, colocando un pie más adelantado que el otro en la dirección del movimiento.

Se debe lograr una postura estable

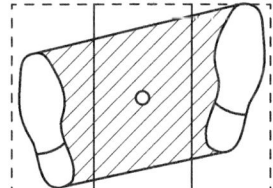

- Doblar las rodillas, nunca la cintura, y mantener la espalda recta.
- Aproximar, lo máximo posible, la carga al cuerpo.
- Levantar la carga gradualmente, sin girar el tronco, ayudándose de la fuerza de las piernas.
- Situar la carga a la altura de la cadera para realizar desplazamientos con la misma con los brazos estirados y hacia abajo.
- Si la carga es muy pesada o voluminosa, manejarla entre dos personas o fraccionarla en unidades más pequeñas si fuera posible.
- Si se tienen que empujar cargas, se han de recordar las siguientes medidas:

    - Inclinarse hacia adelante al empujar y hacia atrás al tirar.
    - Procurar que los pies no se resbalen al inclinarse hacia delante o hacia atrás.
    - Evitar torcer o doblar la espalda.
    - Si los bultos tienen asas, intentar colocar las mismas entre los hombros y la cintura, de forma que el empuje y la tracción se realicen en una postura cómoda.
    - Realizar un mantenimiento adecuado de los dispositivos de manipulación.
    - Vigilar que los suelos estén firmes, igualados y limpios.

Recuerde

Es preferible eliminar la manipulación manual de cargas usando medios mecánicos como carretillas elevadoras, grúas eléctricas, mesas transportadoras eléctricas, etcétera.

Por su parte, el almacenamiento de materiales presenta dos tipos de riesgos fundamentalmente: los derivados de su desplazamiento o caída y los asociados a su posible incendio, riesgo que será tratado con posterioridad.

Las medidas preventivas dependen de qué sea lo que se esté almacenando, pero, a nivel general, se pueden enumerar las siguientes:

- Mantener el orden y limpieza en el almacén.
- En almacenamientos paletizados:

  - La altura de la carga, sobre el palé, no deberá superar los 1,5 m y el peso de la misma deberá estar dentro del límite de resistencia del palé.
  - Se evitará el apilamiento de unos palés sobre otros. Para almacenar en altura, se utilizarán estanterías metálicas sólidamente instaladas.
  - Cuando la altura de apilamiento supere los 4 m, las carretillas elevadoras incorporarán un sistema de fijación de alturas, para evitar el golpeo de la estantería al depositar o retirar la carga.

- En almacenamientos de objetos sin paletizar:

  - Se almacenarán, preferiblemente, en estanterías, colocando los materiales más pesados en la parte inferior.
  - Las cajas o recipientes de capacidad igual o inferior a 50 l se pueden almacenar contra la pared o en forma piramidal, no debiendo superarse los niveles de escalonamiento marcados por el proveedor, ni una altura de 5 m.

- Los tubos o materiales de forma redondeada han de apilarse necesariamente en capas separadas mediante soportes intermedios y elementos de sujeción.
- Las pequeñas piezas hay que almacenarlas en cajas o contenedores.

Aplicación práctica

A una empresa de climatización llega un pedido de conductos de chapa. Cada conducto pesa 16 kg. Germán, un joven de 17 años, acaba de firmar la prórroga de su contrato en prácticas. Es técnico en montaje y mantenimiento de instalaciones de frío, climatización y producción de calor.

Al ver que están descargando el material, decide ayudar. Para trasladarlo al almacén, utilizan siempre una carretilla, pero esta tiene apilado un montón de material que ahora no tienen tiempo de retirar y deciden transportar los conductos manualmente hasta el almacén.

Cuando Germán ha transportado varios, empieza a sentir molestias de espalda, con la mala suerte de que, en uno de los viajes, como no tenía visibilidad suficiente, tropezó con una caja que un compañero acababa de soltar en el suelo, sufriendo un esguince de tobillo.

¿Qué elementos han influido en el accidente? ¿Cómo se podría haber evitado?

SOLUCIÓN

Germán no debió realizar el transporte de los conductos de forma manual, puesto que se trata de una carga superior a 15 kg y él es menor de 18 años. Además, los conductos son excesivamente voluminosos y difíciles de sujetar.

A las molestias dorsolumbares que ha sufrido al manipular la carga, hay que añadir el accidente, con el resultado de esguince de tobillo, puesto que se ha sumado otro factor de riesgo, la falta de orden y limpieza en el lugar de trabajo.

Los daños se podrían haber evitado si Germán hubiera utilizado los equipos disponibles para manipular la carga y las vías de paso se hubiesen mantenido libres de objetos.

5. Riesgos asociados al medio de trabajo

En el medio de trabajo se encuentran presentes una serie de agentes de tipo físico, químico y biológico que pueden afectar de diversa forma a la salud de los trabajadores. Además, asociada al medio de trabajo se estudiará la problemática del fuego.

5.1. Exposición a agentes físicos, químicos o biológicos

La exposición de los trabajadores a estos agentes constituye un riesgo para su salud, por lo que es fundamental que el trabajo se desempeñe en un entorno seguro y saludable. Aún así, en muchas ocasiones, resulta muy difícil no exponer la salud a determinados agentes o factores de riesgo. Conviene analizar cada uno de ellos y es la higiene industrial la encargada de hacerlo. A continuación, se introducen los tres campos de trabajo fundamentales de la higiene.

Exposición a agentes físicos

Los riesgos físicos van a menudo ligados a accidentes, determinados tipos de cáncer y ciertas enfermedades.

Algunos de los agentes físicos más importantes son:

■ Ruido.
■ Vibraciones.
■ Iluminación.
■ Condiciones termohigrométricas.
■ Radiaciones ionizantes.
■ Radiaciones no ionizantes.

Ruido

El sonido es un conjunto de ondas que se propagan por el aire hasta llegar al oído. El ruido es un sonido molesto y no deseado que tiene como origen una vibración mecánica.

Sabía que...

Existe una normativa específica respecto a la seguridad y salud de los trabajadores contra los riesgos relacionados con la exposición al ruido, el R. D. 286/2006.

La intensidad del ruido se mide en decibelios (dB) y, a título orientativo, puede variar desde lo que se denomina silencio que serían unos pocos decibelios, hasta el ruido de un motor a reacción, que podría alcanzar los 140 dB.

El hombre es capaz de captar sonidos con normalidad hasta 120 dB(A). A partir de ese valor se produce dolor, llegando incluso a originar lesiones en el órgano auditivo humano.

Ejemplo

En una conversación entre dos personas a una distancia de un metro, el nivel de sonido estará comprendido entre 60 y 70 decibelios. Si a dicha distancia la conversación no se puede mantener como consecuencia del ruido ambiental, se ha de considerar que este es excesivo.

Para determinar el potencial lesivo del ruido sobre la salud, se han de tener en consideración los siguientes factores:

- Duración del ruido: continuo, intermitente o de impacto.
- Nivel de presión sonora, que es la intensidad de la onda sonora, medida en decibelios (dB).
- Tiempo de exposición.
- La frecuencia, que es el tono del sonido, medido en hercios (Hz).

Los efectos sobre la salud que puede causar el ruido son:

- Taquicardia.
- Trastornos del sueño.
- Irritabilidad.
- Fatiga psíquica.

El exceso de ruido en el medio de trabajo provoca una disminución de la atención lo que aumenta el riesgo de accidente.

 Nota

El ruido puede llegar incluso a producir lesiones como la rotura de tímpano o el trauma acústico, que conlleva pérdida de audición.

Las medidas a adoptar para la protección de la salud de los trabajadores expuestos al ruido deben comenzar por reducir el ruido en su origen, aislar el ruido con cabinas o pantallas, alejar a los trabajadores de las fuentes de ruido, reducir los tiempos de exposición y, únicamente en el supuesto en que esto no sea viable, se dotará al trabajador del equipo de protección individual apropiado.

Trabajador con protectores auditivos

Recuerde

Según el artículo 15 de la LPRL la primera opción para luchar contra un riesgo es eliminarlo.

El nivel límite de exposición que establece la legislación es:

- Valor límite de exposición diario: 87 dB(A).
- Valor límite de exposición pico: 140 dB(C), entendiendo que en ningún momento, ni por un solo instante, el ruido en el lugar de trabajo puede superar este valor.

Antes de alcanzar los valores arriba expuestos, el empresario debe adoptar algunas medidas preventivas. Lo debe hacer a partir de unos valores de ruido que se denominan "valores que dan lugar a acción" y que son dos:

- Valores superiores de exposición que dan lugar a una acción: 85 dB(A) exposición diaria y 137 dB(C) nivel de pico.
- Valores inferiores de exposición que dan lugar a acción: 80 dB(A) exposición diaria y 135 dB(C) nivel de pico.

El nivel de ruido se mide con dos aparatos que se denominan sonómetro y dosímetro. El sonómetro se coloca sobre un trípode y tiene por objetivo medir el ruido que hay en el ambiente en el que se encuentra desarrollando su actividad el trabajador.

Sonómetro

El dosímetro lo lleva colgado el trabajador y pretende determinar la dosis de ruido que recibe a lo largo de la jornada.

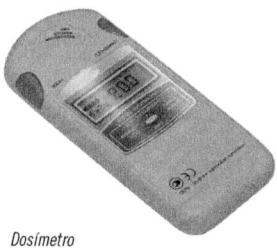

Dosímetro

Cada empresa es responsable de realizar revisiones para controlar el nivel de ruido al que están expuestos sus trabajadores. Además, debe realizar los controles de salud de la función auditiva, así como dar formación e información a los trabajadores para conocer y prevenir los riesgos provocados por el ruido.

 Ejemplo

En una fábrica de aderezo de aceituna de mesa, las máquinas de envasado en vidrio hacen un ruido ensordecedor, que supera los 90 dB(A).

El empresario ha dotado a todos los trabajadores de la planta con protectores auditivos, pero dos de las empleadas, Luisa y Carla, para poder conversar durante la jornada laboral, prescinden de usar uno de los protectores.

Al realizar la vigilancia de la salud, Luisa ha comentado al médico que oye zumbidos (acúfeno) en el oído derecho, precisamente el mismo oído que desprotege para conversar con Carla.

Al realizarle el control de la función auditiva mediante una audiometría, le diagnostican una pérdida leve de audición en dicho oído.

Continúa en página siguiente >>

<< Viene de página anterior

El médico le explica a Luisa la necesidad de utilizar los protectores auditivos en ambos oídos y que el hecho de que ella tenga pérdidas auditivas y Carla no, estando ambas expuestas a los mismos niveles de presión sonora y durante el mismo tiempo, es consecuencia del factor de salud individual. No todos los trabajadores tienen la misma salud y, por tanto, las condiciones laborales no inciden de igual forma sobre la salud de cada persona.

Iluminación

El nivel de iluminación es la cantidad de luz que recibe cada unidad de superficie. Aunque la capacidad del hombre para adaptarse a su entorno es extraordinaria, su bienestar, su estado de ánimo y su fatiga, se ven afectados por la luz y el color.

Sin duda, es tan perjudicial el exceso como la escasez de luz. Los daños visuales sufridos por los trabajadores en los lugares de trabajo son muy frecuentes y sus causas son múltiples:

- Deficiente iluminación.
- Exceso de iluminación.
- Distribución de la iluminación incorrecta.

Siempre es preferible la luz natural sobre la luz artificial. Pero no en todos los procesos o servicios, ni a lo largo de toda la jornada laboral, es posible iluminar con luz natural.

 Sabía que...

Diversas investigaciones han demostrado que la iluminación artificial en ausencia de luz natural afecta al sistema nervioso.

Para que la iluminación artificial sea adecuada, ha de cumplirse con las siguientes condiciones:

- Realizar un mantenimiento periódico.
- Iluminar uniformemente.
- Evitar deslumbramientos.
- Crear un contraste adecuado entre el área de trabajo y el entorno.
- Usar colores claros en paredes.
- Utilizar lámparas con buena reproducción cromática y sin parpadeo.
- Evitar el efecto estroboscópico mediante la utilización de equipos electrónicos.
- Emplear fuentes de luz difusas para evitar que se produzcan sombras.

Sabía que...

El efecto estroboscópico se produce como consecuencia de que los fluorescentes parpadean 60 veces por segundo. Si hay algún objeto girando con una frecuencia similar, puede parecer que gira muy despacio, está parado o gira en sentido contrario al real.

Los niveles de iluminación se miden en lux y se deben adaptar a las exigencias visuales del trabajo que se esté desempeñando, oscilando entre los 25 lux para zonas de uso ocasional, como pasillos, y los 1.000 lux en actividades con mucha exigencia visual.

El Real Decreto 486/1997 establece los niveles mínimos de iluminación de los lugares de trabajo y sus modificaciones posteriores.

Zona del lugar de trabajo	Nivel mínimo en lux
Zonas donde se ejecuten tareas con:	
- Bajas exigencias visuales	100
- Exigencias visuales moderadas	200
- Exigencias visuales altas	500
- Exigencias visuales muy altas	1.000
Áreas o locales de uso ocasional	50
Áreas o locales de uso habitual	100
Vías de circulación de uso ocasional	25
Vías de circulación de uso habitual	50

El nivel de iluminación de una zona en la que se ejecute una tarea se medirá a la altura donde esta se realice: en el caso de zonas de uso general a 85 cm del suelo y en el de las vías de circulación a nivel del suelo. La medición de los niveles de iluminación se ha de realizar con un luxómetro.

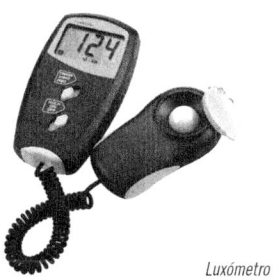

Luxómetro

 **Nota**

Una correcta iluminación del centro de trabajo va a permitir una adecuada visualización de los objetos y el entorno, facilitando el confort visual.

Las lesiones que puede ocasionar una inadecuada iluminación, tanto por defecto como por exceso, son:

- Cansancio.
- Fatiga visual.
- Dolor de cabeza.
- Irritabilidad.
- Mareos.
- Accidentes.

 Aplicación práctica

Candela es técnico en joyería y desde hace más de un año trabaja en una antigua joyería del centro de su ciudad.

Su trabajo consiste en reparar relojes y grabar joyas en el taller. De vez en cuando, acude al almacén en busca de piezas y ella misma se encarga de gestionar los pedidos de las piezas desde la oficina.

Últimamente está sufriendo muchos dolores de cabeza y cree que es consecuencia de la deficiente iluminación de su centro de trabajo.

¿Qué niveles de iluminación serían los correctos?

SOLUCIÓN

Los niveles de iluminación dependen de las exigencias visuales de las tareas que desarrolla Candela.

En el taller, donde manipula relojes, graba y repara joyas, las tareas son de muy alta exigencia visual, por lo que el nivel mínimo de iluminación debe ser de 1.000 lux, utilizando para ello lámparas situadas en el puesto de trabajo.

El almacén es un local de uso ocasional, por lo que el nivel de iluminación es de 50 lux.

En la oficina, las tareas que se desarrollan son de alta exigencia visual, por lo que debe tener 500 lux.

Factores termohigrométricos

El hombre necesita mantener su organismo a una temperatura media de unos 37 °C.

Para que los trabajadores, al desempeñar el trabajo, conserven el equilibrio térmico a lo largo de la jornada, es necesario que las condiciones térmicas se mantengan en unos niveles adecuados. Estos niveles dependen de los tipos de trabajo y son los siguientes:

- En trabajos sedentarios que se realicen en lugares cerrados, la temperatura debe estar comprendida entre 17 y 27 °C.
- En trabajos ligeros, ha de estar entre 14 y 25 °C.

Sin embargo, el equilibro térmico no solo depende de la temperatura, sino que la humedad, la ventilación, la velocidad del aire o la ropa utilizada, también influyen.

 Nota

La humedad relativa estará comprendida entre el 30 y el 70 %, excepto en los locales donde existan riesgos por electricidad estática, en los que el límite inferior será el 50 %.

La exposición de los trabajadores a temperaturas extremas, ya sean demasiado altas o excesivamente bajas, se conoce como estrés térmico.

Las lesiones que el estrés térmico puede causar son:

- **Por exceso de calor:** sudores, deshidratación, mareos, fatiga, pérdida de conocimiento, aumentando el riesgo de accidentes.
- **Por exceso de frío:** hipotermia (por debajo de los 34 °C), pérdida de conciencia, problemas respiratorios, problemas cardiacos e incluso

dolores musculares por enfriamiento localizado que causen pérdida de movimiento, incrementando el riesgo de accidentes.

Las medidas de prevención de riesgos laborales a adoptar son:

■ Estrés térmico por alta temperatura:

   ■ Ventilación.
   ■ Reducción de la actividad física.
   ■ Beber frecuentemente agua.
   ■ Reducir el tiempo de exposición.
   ■ Habilitar áreas de descanso con temperaturas frescas.
   ■ Formación e información de los trabajadores.

■ Estrés térmico por baja temperatura:

   ■ Usar ropa de abrigo.
   ■ Reducir el tiempo de exposición.
   ■ Aclimatar los lugares de trabajo.
   ■ Reducir la velocidad del aire a menos de 1m/s, evitando corrientes de aire.
   ■ Habilitar áreas de descanso con temperaturas cálidas.
   ■ Habilitar cabinas de trabajo para evitar la exposición del trabajador al viento.
   ■ Formación e información a los trabajadores.

Vibración

Según la Organización Internacional del Trabajo, las vibraciones son "todo movimiento transmitido al cuerpo humano por estructuras sólidas capaz de producir cualquier tipo de molestia".

Ejemplo

Los martillos neumáticos, las motosierras, los camiones, los tractores, etcétera, son equipos de trabajo en los que las vibraciones son significativas.

Se distingue entre dos tipos de vibraciones, en función de la parte del cuerpo a la que afectan:

■ **Totalidad del cuerpo,** cuando el trabajador está sentado sobre una superficie que vibra o de pie apoyado sobre una superficie vibrante, como ocurre en todas las formas del transporte.

■ **Localizada, mano-brazo,** cuando el trabajador sujeta con sus manos una herramienta que produce vibración. En construcción y agricultura es muy común el uso de herramientas vibrantes.

La respuesta humana a las vibraciones depende de la duración total de la exposición. Un daño frecuente es el síndrome de Reynaud o "síndrome del dedo blanco", enfermedad producida al someter a frecuencias altas los dedos de las manos.

 Sabía que...

El primer síntoma del síndrome de Reynaud es que las yemas de los dedos se ponen blancas y la evolución de la enfermedad puede resultar muy dolorosa.

En otros casos, se pueden llegar a producir lesiones óseas, lumbalgias, alteraciones nerviosas, incluso lesiones en la columna.

Las medidas de prevención más comunes son:

- Evitar la exposición de los trabajadores a vibraciones.
- Reducir las vibraciones en su origen.
- Realizar controles médicos periódicos.
- Formación e información de los trabajadores.

Radiación

La radiación es una forma de transmisión de energía que afecta al hombre en función de tres factores:

- Tiempo de exposición.
- Tipo de radiación.
- Zona del cuerpo irradiada.

En función del tipo de radiación, se clasifican en:

- **Radiaciones ionizantes:** descomponen los átomos y moléculas de la materia (por ejemplo los rayos X y gamma y las partículas subatómicas alfa y beta de los materiales radiactivos).
- **No ionizantes:** no descomponen los átomos, ni las moléculas de la materia (por ejemplo los rayos ultravioleta, láser y microondas).

Obviamente, las más perjudiciales son las ionizantes ya que, cuando atraviesan el organismo, descomponen sus átomos, lo que provoca daños irreversibles en la salud:

- **A corto plazo:** quemaduras, diarreas, náuseas, vómitos, hemorragias e incluso muerte.
- **A largo plazo:** cáncer, alteraciones genéticas, malformaciones del feto y aborto.

Las radiaciones no ionizantes no son tan dañinas para la salud, pudiendo causar:

- Rayos láser: lesiones en la piel, en los ojos, etcétera.
- Rayos ultravioleta: cáncer (a largo plazo) y quemaduras.

Las normas de prevención que se deben seguir en trabajos donde estén presentes estos riesgos son, entre otras:

- Instalar sistemas de ventilación continua de aire.
- Limitar el tiempo de exposición de los trabajadores.
- Utilizar ropa específica de protección contra la radiación.
- Aumentar la distancia entre el foco de radiación y los trabajadores.
- Utilizar apantallamientos, es decir, obstáculos materiales que la radiación no pueda atravesar.
- Realizar periódicamente mediciones de control de las radiaciones a que están expuestos los trabajadores.
- Realizar controles médicos específicos cada 6 meses.
- Señalizar los lugares de trabajo.
- Formar e informar a los trabajadores.

 Recuerde

Las radiaciones más perjudiciales son las ionizantes ya que, cuando atraviesan el organismo, descomponen sus átomos, lo que provoca daños irreversibles en la salud.

Exposición a agentes químicos

Las sustancias químicas son beneficiosas para la salud de la población y la calidad de vida en general cuando se utilizan, por ejemplo, en productos farmacéuticos y cosméticos o en el ámbito de la seguridad alimentaria. Además, el sector genera empleo e innovación. Sin embargo, estas sustancias también presentan riesgos para la salud humana y el medioambiente.

Los agentes químicos son sustancias orgánicas e inorgánicas, constituidas por materia inerte, que pueden estar presentes en el ambiente de trabajo en forma de gases, vapores, humos, polvo y aerosoles.

Las vías de entrada en el organismo pueden ser respiratorias, dérmicas, digestivas y parenterales.

 **Definición**

Parenteral
Agente que se introduce en el organismo directamente a través de la sangre o el músculo.

Los efectos que pueden causar dependen de:

- Tipo de contaminante.
- Concentración del contaminante.
- Tiempo de exposición.

Los agentes químicos son los causantes de enfermedades profesionales y, en ocasiones, cuando la dosis y la concentración son muy elevadas, pueden producir accidentes llegando a causar, en el caso extremo, la muerte del trabajador.

Los productos químicos se pueden clasificar en función de sus propiedades tóxicas y efectos sobre la salud en: tóxicos, muy tóxicos, nocivos, irritantes, sensibilizantes, cancerígenos, mutagénicos y tóxicos para la reproducción.

Otra clasificación de los productos químicos se realiza por sus efectos sobre el medioambiente. Se consideran peligrosas las sustancias que, en caso de contacto con el medioambiente, puedan producir un peligro inmediato o futuro para uno o más componentes del medioambiente.

Las medidas de prevención que se deben adoptar para proteger a los trabajadores frente a los riesgos químicos son:

- Sustituir el contaminante por otra sustancia menos peligrosa.
- Reducir la cantidad de contaminante en el trabajo.
- Adecuar la ventilación en las zonas de trabajo.
- Reducir el número de trabajadores expuestos.
- Mantener el orden y limpieza en el lugar de trabajo.
- Aislar los procesos con altas concentraciones.
- Distanciar los focos de emisión de los trabajadores.
- Instalar detectores de contaminantes químicos.
- Dotar de equipos de protección individual.
- Formar e informar a los trabajadores.

Exposición a agentes biológicos

Son riesgos biológicos para la salud los derivados de la exposición a bacterias, virus, hongos y demás microorganismos, así como sus toxinas asociadas. Estos microorganismos, muy presentes en el medio natural, plantean un riesgo potencial para la salud.

 Nota

A estos riesgos están especialmente expuestos los trabajadores de actividades ganaderas, sanitarias e industrias de productos cárnicos.

La protección de los trabajadores frente a los riesgos derivados de la exposición a agentes biológicos en el trabajo se regula en el Real Decreto 664/1997.

Las vías de entrada de los agentes biológicos en el organismo son respiratorias, dérmicas, digestivas, parenterales y mucosas.

Las medidas de prevención de riesgos que los trabajadores expuestos a estos riesgos deben seguir son:

- Vacunación.
- Utilizar apósitos impermeables en caso de heridas.
- Utilizar guantes.
- Higiene de manos antes y después de estar en contacto con agentes de riesgo.
- Disponer de procesos adecuados de eliminación de residuos.
- Dotar de equipos de protección individual.
- Realizar reconocimientos médicos periódicos.
- Formar e informar a los trabajadores.

5.2. El fuego

El riesgo de incendio se halla presente en la mayoría de las actividades y es especialmente grave debido a las destructivas consecuencias que puede tener, tanto para los edificios y sus instalaciones como para las personas que los ocupan.

Técnicamente, una combustión no es más que una reacción química exotérmica, en concreto, una reacción rápida de oxidación. Para que esta reacción se produzca, con las fatales consecuencias que ello puede acarrear, es necesario que coincidan en el espacio y en el tiempo tres factores:

- **Combustible:** la sustancia que sufre la oxidación rápida, consumiéndose en la reacción.
- **Comburente:** la sustancia que produce la oxidación, en la mayoría de los casos el oxígeno del aire.
- **Calor:** el desencadenante de cualquier reacción de oxidación.

Triángulo del fuego

 Definición

Exotérmico
Se aplica a aquellos procesos de los que se desprende calor.

De lo anterior, se pueden deducir dos cosas: primero, para que se produzca la combustión debe haber aire. Esta es la razón por la que en las evacuaciones se recomiende que se cierren las ventanas, de ese modo no entrará oxígeno que alimente la combustión.

 Sabía que...

En la Luna no puede haber ninguna combustión, porque no hay atmósfera y, por tanto, no hay aire con oxígeno.

La segunda es que también hace falta calor, pero no se puede confundir calor con llama o fuego. No es el fuego lo que inicia una combustión, sino el calor.

Ejemplo

Si se introduce en un horno un papel y se coloca el termostato a 250 ºC, la temperatura en el interior comenzará a subir y cuando se alcancen los 233 ºC el papel arderá, sin que ninguna llama haya entrado en contacto con él.

Pero para que el fuego muestre sus efectos devastadores no solo es necesario que se produzca una combustión, también es necesario que se propague. Para ello, además de los tres factores anteriores, es necesario un cuarto: una reacción en cadena.

La idea es sencilla, la combustión genera calor, más o menos en función del combustible que se esté quemando; pues bien, ese calor deber ser suficiente para que la reacción se propague.

 Ejemplo

Volviendo al papel, esta vez fuera del horno, si se le acerca una cerilla encendida, como fuente de calor, el papel empezará a arder. La experiencia dice que, en algunas ocasiones, esto será suficiente para que arda completamente; en otras, el papel se apagará solo, porque su combustión no genera bastante calor para que el resto del papel arda.

Prevención y protección del fuego

Como tantas veces ocurre en prevención de riesgos, ante el fuego se pueden tomar dos actitudes: prevenirlo o protegerse de él. Obviamente, lo ideal es tomar las medidas preventivas necesarias para que no se produzca; pero, como no es posible estar seguro de ello, las medidas de protección también son necesarias y, de hecho, son las que suelen ser más visibles en los centros de trabajo.

Definidos los tres factores que deben coincidir para que se inicie una combustión, es muy sencillo entender que, para prevenir un fuego, se puede actuar sobre el combustible, el comburente o el calor.

Actuar sobre el combustible es, por ejemplo, no almacenar más materias primas o producto acabado del necesario. Así, habrá el mínimo combustible posible. Otra posibilidad es ordenar los almacenes, estableciendo pasillos y compartimentaciones que impidan que se acumulen grandes cantidades de combustible juntas, evitando almacenar en proximidad productos combustibles y comburentes, etcétera.

 Nota

Reducir *stocks,* es decir, almacenar lo menos posible, no solo previene el fuego. Cuanto menos se almacena menos se gasta en almacén, almacenero, pérdidas por deterioro en el almacén, etcétera.

Actuar sobre el comburente es algo menos habitual, ya que para eliminarlo hay que reducir el oxígeno del almacén y eso vuelve la atmósfera irrespirable para el ser humano. Aún así, hay ciertos casos en los que se utiliza.

Actuar sobre el calor es sencillo, aunque costoso, consiste en mantener el producto almacenado, normalmente en un recipiente a presión, por debajo de una cierta temperatura. Si la temperatura no sube, es imposible que se produzca la combustión.

Sabía que...

Hay productos cuya temperatura de autoignición es menor que la temperatura ambiente. Si se almacenaran sin refrigerar, arderían espontáneamente.

Impedir la propagación

Para protegerse del fuego, existen más posibilidades. La primera idea es impedir que el fuego se propague y, para ello, hay que tener claro que para que se propague no es necesario que la llama avance hasta un determinado lugar, sino que basta con que los humos de la combustión, que pueden alcanzar cientos de grados centígrados, alcancen un determinado punto.

Es evidente que los humos son mucho más escurridizos que las llamas. Por ello, la compartimentación de los edificios debe estar correctamente ejecutada. Lo normal es que, cuando los edificios se terminan, cumplan la normativa, de hecho, así lo certifica el arquitecto o el ingeniero director de la obra. Sin embargo, el uso de los mismos y los cambios realizados buscando mejoras comprometen a veces esta compartimentación. Es por ello importante tener claro que no se deben crear huecos que comuniquen unos sectores de incendios con otros, ya que eso permitirá que el incendio se extienda por todo el edificio.

Ejemplo

Dos años después de la puesta en funcionamiento de un edificio de oficinas, se decide instalar un circuito cerrado de televisión por cuestiones de seguridad.

Desde todas las plantas, incluidos los sótanos de aparcamientos, tienen que llegar cables de televisión hasta la oficina de control, que se encuentra en la planta baja.

Continúa en página siguiente >>

<< Viene de página anterior

Pues bien, el tendido de esos cables supondrá, si no se toman las debidas precauciones, abrir huecos de comunicación entre unas plantas y otras, huecos que podrían permitir la circulación de los humos de unos sectores de incendio a otros en caso de fuego.

En las instalaciones de ventilación-extracción y climatización se ha de tener presente que estas y sus reformas, si no están debidamente proyectadas, pueden poner en comunicación unos sectores de incendio con otros. Así mismo, se ha de saber que existen medios técnicos, por ejemplo compuertas especiales, para los sistemas de conductos que evitan tal comunicación.

Detectar el fuego

La segunda idea, por supuesto compatible con la anterior, es detectar que el fuego se ha producido. Esto es importante no solo porque una vez detectado se podrá intentar apagar, sino porque un fuego no controlado en un edificio es motivo de evacuación inmediata. Para la detección del fuego suelen utilizarse dos sistemas:

- Las instalaciones de alarma, cuyos pulsadores son accionados por los ocupantes del edificio tras detectar la presencia de fuego.
- Las instalaciones de detección y alarma. En este caso, además de los pulsadores, un conjunto de detectores y una central de incendios más o menos sofisticados supervisan la instalación, intentando descubrir si se produce un incendio. Hay distintos tipos de detectores con sus ventajas e inconvenientes, pero los más comunes son los termovelocimétricos y los iónicos.

  - Los detectores termovelocimétricos detectan subidas bruscas de temperatura. No dan la señal de alarma cuando se alcanza una determinada temperatura, por ejemplo 50 °C, lo que en verano puede ocurrir si están colocados en una cubierta soleada; por el contrario, dan la señal cuando la temperatura sube varios grados en poco tiempo, lo que no puede ser debido a factores climatológicos.

▪ Los detectores iónicos detectan, mediante un elaborado sistema, la presencia de humo. De este tipo suelen ser los que se colocan en las habitaciones de los hoteles.

Apagar el fuego

La tercera idea es apagar el fuego. Lo primero que debe quedar claro es que esta tarea es solo responsabilidad de unas pocas personas que han debido ser previamente entrenadas y que forman un equipo de intervención.

 Importante

En caso de incendio, especialmente en los edificios de acceso público, todo aquel que no tenga encomendada la misión de apagar el fuego debe evacuar.

En la mayoría de los edificios y, por ende, de los centros de trabajo, existen extintores accesibles que, en muchas ocasiones, si se actúa con rapidez, pueden reducir un potencial incendio desbastador a un simple conato de incendio. Por ello, a continuación, se darán unas reglas básicas sobre el uso de los extintores. Antes, es preciso conocer que existen más instalaciones que tienen como cometido la extinción del incendio. Unas funcionan automáticamente y otras requieren la participación de las personas para cumplir su función. Al margen de los ya citados extintores, las más frecuentes son las siguientes:

Bocas de incendio equipadas (BIE)

Son una serie de mangueras enrolladas que están conectadas a una red de agua a presión y que, para ser usadas, requieren, al menos, la intervención de dos personas.

Rociadores automáticos

Son una red de tubos por la que también circula agua a presión que terminan en unas válvulas de salida uniformemente distribuidas. Cada válvula está cerrada por una pequeña ampolla con un líquido en su interior. Cuando sube la temperatura, como consecuencia de un incendio, el líquido se dilata, rompe la ampolla y la válvula se abre, permitiendo la salida de una gran cantidad de agua.

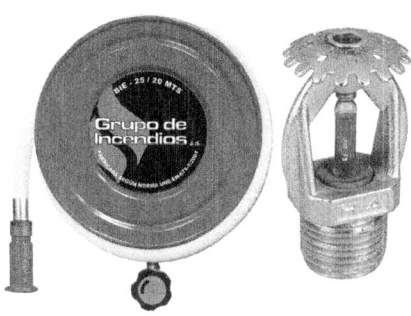

BIE + Rociador

? Sabía que...

La abertura de un rociador fuerza la rotura de las ampollas de su alrededor. Así, una gran cantidad de agua, comparable a una lluvia intensa, cae sobre la zona en la que se ha iniciado el incendio, sofocándolo en la mayoría de los casos.

Uso de extintores

Como se ha comentado con anterioridad, saber utilizar correctamente un extintor es muy importante, ya que están disponibles en todos los lugares de trabajo y son capaces de controlar la mayoría de los fuegos en su fase inicial.

El tiempo de utilización de un extintor es, en el mejor de los casos, de 60 segundos, por lo que es muy importante usarlos eficazmente. Para ello, además de un conocimiento teórico del modo de usarlos, es preciso haber hecho prácticas con ellos.

 Nota

Aunque la etiqueta del extintor incluye su modo de uso, resulta evidente que hay que saber usarlo previamente, porque en caso de emergencia la rapidez en vital.

Un uso correcto incluye las siguientes cuatro etapas:

1. Descolgar el extintor cogiéndolo por la maneta o asa fija y dejarlo sobre el suelo en posición vertical.

2. Sacar el pasador de seguridad tirando de su anilla. Coger la boquilla de la manguera del extintor.

3. Presionar la palanca del extintor y, si existe, apretar la palanca de la boquilla realizando una pequeña descarga de comprobación.

4. Dirigir el chorro a la base de las llamas con movimiento de barrido.
Aproximarse lentamente al fuego, en la dirección del viento, hasta un mínimo de un metro de distancia.

Por último, es conveniente recordar que, aun usando el extintor según estas indicaciones, estarán presentes dos riesgos:

- La posibilidad de que el agente extintor produzca algún producto tóxico en combinación con el fuego.
- La posibilidad de recibir una descarga cléctrica si sc dirige el chorro del extintor hacia un elemento en tensión.

6. Riesgos derivados de la carga de trabajo

En el desempeño del trabajo, el hombre está sometido a una serie de requerimientos físicos y mentales a lo largo de la jornada laboral. En función de cómo se organice y ejecute el trabajo, pueden generarse una serie de situaciones de riesgo que afecten la salud del trabajador, como consecuencia de factores ergonómicos y psicosociales. De ellos se encarga la técnica preventiva de ergonomía y psicosociología aplicada.

 Definiciones

Factores ergonómicos
Establecen la relación del lugar de trabajo con los trabajadores. Su estudio busca determinar cómo diseñar o adaptar el lugar de trabajo al trabajador a fin de evitar distintos problemas de salud y de aumentar la eficiencia. La idea es que el entorno de trabajo se adapte al trabajador en lugar de obligar al trabajador a adaptarse a él, por ejemplo elevando la altura de una mesa de trabajo para que el operario no tenga que inclinarse innecesariamente para trabajar.

Factores psicosociales
Son el conjunto de interacciones que tienen lugar en la empresa entre el contenido del trabajo, el entorno en que se desarrolla y el trabajador, con sus características individuales y su entorno extra-laboral, que pueden incidir de forma negativa sobre la seguridad, salud, rendimiento y satisfacción del trabajador.

Así, la carga física de un puesto vendrá determinada por los esfuerzos físicos: las posturas, los movimientos y las cargas a manipular durante el trabajo.

Mientras, la carga mental viene causada por el conjunto de esfuerzos perceptivos y cognitivos que el trabajador debe realizar durante su jornada.

 Ejemplo

Un controlador aéreo que pasa sentado toda su jornada, realiza una serie de tareas que requieren cierta intensidad de esfuerzo mental, en términos de concentración, atención, memoria, coordinación de ideas, toma de decisiones y autocontrol emocional, necesarios para el buen desempeño del trabajo.

Es importante considerar que no todos los trabajadores tienen los mismos recursos para adaptarse a esos requerimientos físicos y mentales. Dos compañeros de trabajo pueden vivir una misma situación laboral de manera diferente. Incluso un mismo trabajador, en determinados momentos de su vida, puede ser más o menos vulnerable, resultando muy importante las cualidades personales y las estrategias desarrolladas para afrontar estas situaciones.

6.1. La fatiga física

La fatiga física, es consecuencia de una serie de situaciones de esfuerzo cuyo resultado produce una disminución de la capacidad de trabajo y de la resistencia del organismo, siendo necesario el descanso para restaurar la forma física del trabajador.

Para evitar la carga física, es aconsejable que las herramientas de trabajo, los equipos y elementos necesarios para el desarrollo de las funciones se sitúen en la zona de trabajo, zona circular comprendida entre 0,5 y 2 m alrededor del cuerpo.

Zona de trabajo

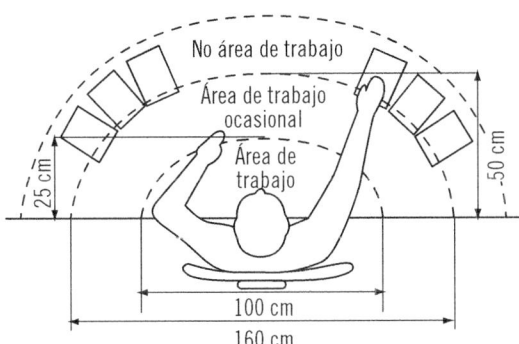

Se han de realizar a lo largo de la jornada laboral cambios de postura, posición de pie y sentado.

 Ejemplo

Las cajeras de un supermercado pueden realizar su trabajo de pie, pero también disponen de un asiento.

Así mismo, el plano de trabajo debe permitir mantener el antebrazo en posición horizontal o inclinada ligeramente hacia abajo. Si el trabajo se desempeña sentado, el asiento de trabajo debe tener en cuenta las dimensiones físicas de la persona, ser estable y regulable en altura con apoyabrazos planos y debe disponer de espacio suficiente para mover las piernas.

Algunos factores que pueden producir fatiga física son:

■ Ruido ambiental.
■ Tareas monótonas.
■ Iluminación inadecuada.

- Temperatura inadecuada.
- Levantamiento repetitivo de cargas.

La fatiga física se puede identificar por un incremento de errores, consecuencia de la realización de movimientos corporales más lentos y menos coordinados. Como consecuencia de lo anterior, se produce una disminución de la calidad del trabajo realizado y aparece una sensación de malestar e insatisfacción.

Estas situaciones deben advertir al individuo de la necesidad de descansar, ya que actúan de alarma de una situación potencialmente peligrosa.

 Importante

La fatiga es un elemento de control frente a situaciones más comprometidas.

Existen dos tipos de fatiga:

- **Fatiga recuperable:** aquella que resulta completamente recuperable con los períodos de descanso habituales.
- **Fatiga crónica:** está causada por la sucesiva exposición a períodos de fatiga sin recuperación completa. Provoca una acumulación de fatiga, que hace que los efectos de esta no aparezcan asociados al trabajo, sino que pueden aparecer incluso antes de realizarlo y no disminuyen significativamente con el descanso habitual.

Los efectos sobre la salud de la fatiga física son:

- Malestar general.
- Lesiones de espalda.
- Dolores de cabeza.

- Vértigos.
- Trastornos gastrointestinales.
- Trastornos vasculares.

La fatiga crónica puede producir incluso comportamientos antisociales, tendencia a la depresión, falta de energía, pérdida de iniciativa, etcétera. La recuperación de este estado es más compleja y no es suficiente con períodos de descanso prolongados.

Las medidas de prevención que se deben adoptar:

- A nivel de puesto:

    - Empleo de equipos mecánicos para manipular cargas.
    - Adecuar los niveles de ruido, temperatura, calidad del aire, etcétera.
    - Combinar a lo largo de la jornada trabajos estáticos y dinámicos.
    - Organizar los horarios y jornadas permitiendo un descanso reparador suficiente.

- A nivel individual:

    - Descanso regular.
    - Ejercicio físico.
    - Alimentación equilibrada.
    - Mantener una postura correcta, tanto de pie como sentado, manteniendo la espalda recta y los hombros hacia atrás.

6.2. La fatiga mental

Determinados trabajos exigen mucha concentración o realizar muchas tareas simultáneamente, lo que demanda del trabajador un mayor esfuerzo mental. Esto puede ocurrir en trabajos que requieren una intensa actividad intelectual o una implicación emocional fuerte (por ejemplo, el personal sanitario que trabaja en la unidad de cuidados intensivos), pero también en trabajos que, aún siendo monótonos y repetitivos, exigen atención continua.

Si estas exigencias laborales se prolongan durante mucho tiempo, pueden producir fatiga mental al trabajador.

 **Nota**

Los expertos definen la fatiga mental como la disminución temporal de la capacidad funcional mental.

La fatiga mental se manifiesta a la hora del desempeño del trabajo en pérdida de concentración, una deficiente relación esfuerzo-resultado, una menor capacidad de asimilar información y, en consecuencia, un aumento de los errores.

Cuando la sensación de fatiga mental se hace crónica, las consecuencias para el afectado llegan mucho más allá del trabajo: trastornos en el sueño, fatiga ocular, sensación continua de cansancio, adormecimiento, mareos, cefaleas, irritabilidad, alteraciones digestivas, etcétera.

La sensación de fatiga indica la necesidad de descanso. Es un mecanismo regulador del organismo. Cuando aparece, se activa el sistema de defensa, sin que se sea consciente de ello: se ralentiza el ritmo de trabajo, se realizan más comprobaciones de las habituales y se aplazan las tareas más críticas.

Los estudios sobre estrés laboral y fatiga mental ayudan a comprender la situación de los trabajadores como se muestra en el siguiente estudio:

La evidencia de este trabajo, que agrupó los datos de siete estudios europeos sugiere que la sobrecarga laboral es un factor de riesgo de mortalidad en hombres con enfermedad cardiometabólica, definida por la presencia de enfermedad coronaria, ACV o diabetes.

La diferencia en la mortalidad entre los grupos con sobrecarga laboral y sin ella fue significativa e independiente de la condición socioeconómica, los factores de riesgo tradicionales y los del estilo de vida que se midieron (tabaquismo, obesidad, inactividad física, alcoholismo, hipertensión, dislipidemia) y la farmacoterapia.

El estrés también puede tener efectos adversos sobre los sistemas cardiometabólicos al inducir disfunción endotelial transitoria, isquemia miocárdica y arritmia cardíaca aumentando así el riesgo de episodios cardíacos mortales y no mortales.

Este es el primer estudio en gran escala que examina la asociación entre estrés laboral y mortalidad estratificada según el perfil de riesgo cardiometabólico. Los datos obtenidos mostraron que la sobrecarga laboral aumentó considerablemente el riesgo de mortalidad incluso en subgrupos de hombres con enfermedad cardiometabólica prevalente, pero con un perfil de riesgo cardiometabólico favorable.

Kivimäki M Pentti J, Ferrie JE, et al, Lancet Diabetes Endocrinol

6.3. La insatisfacción laboral

La insatisfacción laboral es una de las consecuencias de la fatiga mental. Se define como una respuesta negativa del trabajador hacia su propio trabajo. Afecta al rendimiento y a la productividad de la empresa, por lo que las empresas u organizaciones deben tratar de que sus empleados se encuentren satisfechos profesionalmente.

Otra consecuencia de la insatisfacción es la desmotivación por el trabajo, que puede llegar a producir en el trabajador tal apatía que incumpla con sus funciones de forma habitual.

 Importante

La organización de las tareas del puesto de trabajo es clave para su prevención. La asignación de funciones a cada trabajador y el establecimiento de tiempos razonables para desempeñarlas dependen fundamentalmente de la empresa.

Las medidas que se deben adoptar para proteger la salud del trabajador son:

- Establecer objetivos parciales de trabajo a lo largo del día. Esto ayuda a tener una sensación de avance, de "cosas terminadas", que previene la fatiga.
- Realizar pausas durante la jornada. Estas pausas serán mucho más reparadoras si se cumplen dos condiciones: que el trabajador las pueda distribuir según sus necesidades y que verdaderamente permitan "desconectar".

 Nota

El problema de estas metas parciales es que, si no se distribuyen correctamente y resulta imposible alcanzarlas a la hora prevista, originan lo que algunos expertos llaman "agendas calientes" y acaban teniendo un efecto contrario al deseado.

 Ejemplo

Estar esperando una información o una llamada de teléfono no es hacer una pausa, porque la persona permanece alerta. Sí lo es alejarse del puesto de trabajo y cambiar el foco de atención durante unos minutos.

 Aplicación práctica

Guillermo, que es técnico de mantenimiento del Servicio Público de Salud, se ha matriculado en el ciclo formativo de grado superior de Mantenimiento de Instalaciones Térmicas y de Fluidos para obtener puntos para su bolsa de trabajo.

Continúa en página siguiente >>

<< Viene de página anterior

Por las mañanas, trabaja en un centro sanitario como personal interino. El nuevo jefe de personal no consigue organizar correctamente los turnos, porque continuamente se producen ausencias de trabajadores por enfermedades de corta duración y, de vez en cuando, le pide que trabaje también en otro turno, no respetando los descansos entre jornadas.

Las restantes tardes, ayuda en el negocio familiar y, al volver a casa, se dedica a estudiar.

Los fines de semana, trabaja de camarero en un bar, con lo que obtiene unos ingresos extra que le ayudan a pagar la hipoteca de su nueva casa.

A principio de curso, no tenía problemas para seguir el ritmo que se ha impuesto, pero, poco a poco, su salud se ve afectada por los factores de riesgo, la intensidad de sus jornadas de trabajo y estudio y la inestabilidad laboral, puesto que su contrato es de sustitución.

Últimamente, comete muchos errores, se olvida continuamente de cosas y su carácter empieza a cambiar, se muestra agresivo, irritable, sufre ansiedad y padece problemas digestivos e incluso insomnio.

¿Qué debería hacer Guillermo?

SOLUCIÓN

Es evidente que Guillermo ha de adoptar una serie de medidas para proteger su salud.

En su trabajo como técnico de mantenimiento, han de organizar correctamente los turnos, de modo que le permitan el descanso necesario. Igualmente, él deberá organizar sus horarios, de forma que disponga del tiempo de descanso reparador suficiente.

Durante sus jornadas, realizará pausas que le permitan desconectar totalmente de la tarea que está desarrollando.

Con respecto a sus estudios y metas personales, deberá establecer objetivos parciales de trabajo a lo largo del día. Esto le va a ayudar a tener una sensación de avance, de "cosas terminadas", previendo la fatiga.

Para reducir los niveles de ansiedad y mejorar su estado salud, deberá realizar ejercicio físico de forma regular y llevará una alimentación equilibrada.

Las condiciones ambientales en el entorno de trabajo, además de producir fatiga física, también pueden influir en la aparición de la fatiga mental. La mala iluminación o el exceso de ruido obligan a hacer un esfuerzo suplementario que provoca más cansancio.

7. La protección de la seguridad y salud de los trabajadores

Entre los principios de acción preventiva se encuentra evitar los riesgos, cuando estos no se puedan evitar, habrá que evaluarlos y determinar las medidas de protección a adoptar para garantizar la seguridad y salud de los trabajadores.

Estas medidas de protección son de dos tipos:

- Protección colectiva.
- Protección individual.

Se entiende por protección colectiva aquella técnica de seguridad cuyo objetivo es la protección simultánea de varios trabajadores expuestos a un determinado riesgo.

Si adoptadas estas medidas de protección colectiva, resultasen insuficientes, como complemento se pueden utilizar equipos de protección individual, que son aquellos concebidos para uso exclusivo de una persona.

 Nota

Se suele utilizar abreviadamente EPI para referirse a cualquier tipo de equipo de protección individual.

Desde el punto de vista preventivo, es más efectiva la utilización de medidas de protección colectiva, puesto que cubren a un mayor número de personas. Por ello, la LPRL establece que se antepongan las medidas de protección colectiva a las individuales.

 Ejemplo

Una obra de construcción en la que se están realizando trabajos en altura.

Una medida de protección colectiva sería la colocación de redes de seguridad en todo el perímetro de la obra, destinadas a evitar la caída de personas u objetos de niveles superiores.

Una medida de protección individual sería la utilización de un arnés de seguridad por parte del operario sujeto a una línea de vida.

7.1. La protección colectiva

Como se ha indicado, las medidas de protección colectiva son aquellas que protegen simultáneamente a más de un trabajador.

Algunas protecciones colectivas a destacar son:

- **Barandillas:** su función es impedir la caída de los trabajadores al vacío. Las barandillas deben reunir unos requisitos mínimos: tendrán una altura mínima de 90 cm y estarán dotadas de listón intermedio y rodapié para impedir la caída de objetos. Además, deberán estar construidas en materiales rígidos y resistentes.
- **Redes:** su misión es limitar la posible caída de un trabajador al vacío. También previenen la caída de objetos. Existen varios tipos: perimetrales, tipo horca, etcétera.
- **Resguardos:** son aquellos componentes de una máquina o instalación utilizados como barrera natural para garantizar la protección. Todas las

partes de los equipos de trabajo que, por su movimiento (discos de corte, brocas, rodamientos, engranajes, etcétera), puedan producir daños para la salud del trabajador, como cortes, atrapamientos, etcétera, deben dotarse de los elementos de protección necesarios.

- **Interruptores diferenciales:** son unos dispositivos de seguridad que desconectan automáticamente la instalación eléctrica en el caso de que detecten una pérdida de corriente en la instalación, que podría estar pasando por una persona. La idea es minimizar el tiempo en que la corriente podría atravesar al individuo.

- **Ventilación general:** medida de renovación del aire sucio o contaminado por aire limpio.

7.2. La protección individual

Se entiende por equipo de protección individual cualquier equipo destinado a ser llevado o sujetado por el trabajador para que le proteja de uno o varios riesgos que puedan amenazar su seguridad o su salud, así como cualquier complemento o accesorio destinado a tal fin.

La normativa legal respecto a los EPI se centra fundamentalmente en dos aspectos:

- Fabricación y comercialización, regulándose las condiciones para la comercialización y libre circulación en la Unión Europea de los equipos de protección individual.
- Utilización por los trabajadores de equipos de protección individual, recogida en el Real Decreto 773/1997.

 Importante

Todos los equipos de protección individual deben llevar el marcado CE.

La protección individual tiene por objeto proteger al trabajador frente a riesgos potenciales que se producen durante una actividad laboral concreta.

El empresario, respecto a los equipos de protección individual, debe:

- Determinar los puestos que requieren de EPI.
- Proporcionar gratuitamente los equipos cuyo uso ha de ser individual.
- Asegurarse de que estos puedan ajustarse a las características anatómicas del usuario.
- Instruir a cada usuario sobre las características de los equipos que se le entregan. Esta información deberá darse por escrito al trabajador.
- Facilitar los medios y controlar que los EPI sean conservados y mantenidos correctamente por sus usuarios.

Existen distintos sistemas de clasificación de los EPI. Los más utilizados se basan en si la protección es integral o parcial. El Anexo I del R. D. 773/1997, incluye una lista indicativa, no exhaustiva de EPI.

El R. D. 773/1997 dice acerca de lo que llama medios parciales de protección que "son aquellos que protegen al individuo frente a riesgos que actúan preferentemente sobre partes o zonas concretas del cuerpo".

Entre los más usados se pueden destacar:

- **Protección de la cabeza:** cascos de seguridad (obras de construcción, minas, etcétera) y prendas de protección para la cabeza (fuego, productos químicos).

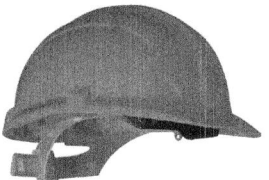

Casco de seguridad

■ **Protección de los ojos y la cara:** pantallas faciales, pantallas para soldadura, gafas de seguridad.

Pantalla para soldadura

■ **Protección del oído:** orejeras, tapones, cascos antirruido, etcétera.

Cascos antiruido

■ **Protección de las vías respiratorias:** mascarillas, máscaras, equipos filtrantes de partículas, etcétera.

Máscara buco-nasal

■ **Protección de pies y piernas:** calzado de seguridad con puntera reforzada, calzado de protección frente a riesgos eléctricos, plantillas de seguridad, etcétera.

Calzado de seguridad

■ **Protección de manos y brazos:** guantes contra agresiones mecánicas (abrasión, cortes, etc.), guantes contra vibraciones, guantes contra agresiones químicas, manoplas, manguitos, guantes resistentes a la electricidad, etcétera.

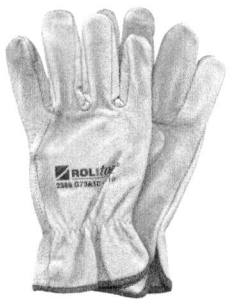

Guantes contra agresiones mecánicas

■ **Protectores de la piel:** cremas de protección.

Cremas protectoras para la piel

■ **Protectores del tronco y el abdomen:** chalecos, chaquetas, mandiles de protección contra agresiones mecánicas, químicas, etcétera.

Chalecos para protección

Recuerde

El empresario está obligado a instruir a cada usuario sobre las características de los equipos que se le entregan. Esta información deberá darse por escrito al trabajador.

Sobre los medios integrales de protección, el R. D. 773/1997 dice que "son aquellos que protegen al individuo frente a riesgos que no actúan sobre partes o zonas determinadas del cuerpo, proporcionando de esta forma una seguridad 'integral' o completa sobre todo el organismo".

Algunos ejemplos son: ropa de trabajo específicamente destinada a proteger la salud, prendas de señalización, cinturones de seguridad anticaídas, arneses, prendas de protección frente a riesgos eléctricos, etcétera.

Recuerde

Es obligación del empresario suministrar los EPI a sus trabajadores.

Aplicación práctica

Luis ha sido contratado por una empresa de climatización de edificios. Tras firmar su contrato, el empresario le entrega una lista con los equipos de protección individual que debe comprar para incorporarse al día siguiente a su trabajo.

Luis se dirige apresuradamente a un comercio especializado en EPI y compra todo lo que aparece en su lista.

Al día siguiente, comenta la tarde de compras con sus nuevos compañeros y estos le informan que es el empresario quién debió facilitárselos de forma gratuita.

¿Están en lo cierto los compañeros de Luis?

SOLUCIÓN

Los compañeros de Luis tienen razón.

El empresario está obligado a proporcionar gratuitamente todos los EPI que necesite el trabajador en el desempeño de sus funciones, así como sustituirlos cuando resulte necesario.

Igualmente, deberá formar e informar sobre su uso y mantenimiento, debiendo además velar por que los trabajadores los utilicen.

8. Resumen

Para estudiar y combatir los riesgos generales a los que está expuesto el trabajador como consecuencia de su trabajo, estos se clasifican en función del agente que los provoca. Hay riesgos debidos a los equipos de trabajo que el trabajador utiliza. Sean herramientas, máquinas o instalaciones, es fundamental que el empresario garantice que son seguros y que el operario reciba la formación adecuada sobre sus condiciones de instalación, transporte, uso, mantenimiento, conservación, limpieza, etcétera.

Otros riesgos están relacionados con el almacenamiento y transporte de cargas. La prevención en este caso pasa, aparte de por la correcta formación en las técnicas de manipulación de cargas, por el uso de ayudas mecánicas siempre que sea posible y por garantizar que los almacenamientos sean resistentes, estables y permanezcan limpios y ordenados.

El medio de trabajo es también origen de riesgos, su prevención se basa en el conocimiento y control de los agentes físicos, químicos y biológicos presentes. De igual modo, hay que incidir en el correcto diseño y conservación de los edificios para prevenir el fuego, así como en la existencia de medidas de protección contra incendios para luchar contra él.

La carga de trabajo, tanto física como mental, es el último factor estudiado. Las acciones en este sentido se centran en la adecuación del puesto de trabajo al trabajador, no al contrario, y en la organización óptima del trabajo: descansos, turnos, etcétera.

Cuando, a pesar de haber intentando eliminar o, al menos, reducir cada uno de estos riesgos, sigue estando amenazada la seguridad y la salud del trabajador, es necesario recurrir a la protección. Esta debe ser preferentemente colectiva y, en último caso, individual, es decir, llevada o portada por el trabajador.

Ejercicios de repaso y autoevaluación

1. **Una mujer que trabaja en una empresa de mensajería transporta habitualmente cargas. ¿Qué límites de carga recomienda la guía técnica?**

   a. 25 kg en general.
   b. 15 kg para mujeres, trabajadores jóvenes o mayores.
   c. 5 kg en general.
   d. 40 kg para trabajadores sanos y entrenados.

2. **Señale la afirmación correcta en el almacenamiento de objetos sin paletizar.**

   a. Se almacenarán, preferiblemente, en estanterías, colocando las materias más pesadas en la parte superior.
   b. Las pequeñas piezas hay que almacenarlas en cajas o contenedores.
   c. Los tubos o materiales de forma redondeada han de apilarse necesariamente en capas sin separar ni sujeción.
   d. Las cajas o recipientes de capacidad igual o inferior a 50 l no se pueden almacenar contra la pared o en forma piramidal.

3. **¿Qué lesiones puede ocasionar una inadecuada iluminación, tanto por defecto como por exceso?**

   a. Cansancio, fatiga visual, dolor de cabeza, irritabilidad, mareos, accidentes.
   b. Cáncer de córnea.
   c. Glaucoma (caracterizado por el aumento de la presión intraocular), dureza del globo del ojo, atrofia de la papila óptica y ceguera.
   d. No ocasiona lesiones.

4. **¿Qué temperatura debe haber en una oficina para que los trabajadores conserven el equilibrio térmico a lo largo de la jornada?**

   a. En trabajos sedentarios que se realicen en lugares cerrados, la temperatura debe estar comprendida entre 17 y 27 ºC.
   b. En trabajos ligeros, ha de estar entre 14 y 25 ºC.

c. Por debajo de 14 ºC.

d. El hombre necesita para mantener su organismo a una temperatura media de unos 37 ºC que la temperatura del lugar de trabajo esté en torno a los 30 ºC.

5. Juan trabaja en una empresa de climatización y, en ocasiones, manipula líquidos refrigerantes y otros productos químicos. ¿Sabría decirle cuáles son las vías de entrada en el organismo de los agentes químicos que manipula en su trabajo?

a. Digestivas y parenterales.

b. Respiratorias y dérmicas.

c. Respiratorias, dérmicas, digestivas y parenterales.

d. Los agentes químicos no pueden entrar en el organismo humano.

6. Señale la afirmación correcta para cualquier máquina con independencia de su fecha de construcción.

a. Debe tener un dispositivo de parada de emergencia.

b. Debe tener un selector de modos de mando.

c. Debe tener un temporizador de parada.

d. Debe tener un dispositivo de puesta en marcha y uno de parada normal.

7. ¿Cuál de las siguientes no es una medida preventiva de carácter general frente al riesgo eléctrico?

a. Evitar el uso de alargaderas.

b. Evitar el uso de regletas con varias bases de enchufe.

c. No manipular elementos eléctricos en ambientes húmedos.

d. No realizar en ningún caso operaciones con equipos eléctricos.

8. Para que se produzca un incendio, es necesario...

a. ... combustible, comburente y calor.

b. ... combustible, comburente y fuego.

c. ... combustible, comburente, fuego y reacción en cadena.

d. ... combustible, comburente, calor y reacción en cadena.

9. En referencia al uso de los extintores para la extinción de incendios, señale la afirmación correcta.

    a. Cualquiera puede usarlos, por eso están en todos sitios.
    b. Su utilización no presenta ningún riesgo.
    c. Lo ideal es tener una formación teórica y práctica sobre su uso.
    d. Solo pueden utilizarlos los bomberos.

10. ¿Cuál de los siguientes factores no influye en las consecuencias del paso de la electricidad por el organismo?

    a. La resistencia y la tensión.
    b. La potencia de la instalación.
    c. La capacidad de respuesta del accidentado.
    d. La intensidad y el tiempo.

Capítulo 3

Actuación en emergencias y evacuación

Contenido

1. Introducción

Ante una situación crítica de emergencia, el hecho de que las personas actúen de forma desordenada, cuando aparentemente no hay motivos que lo justifiquen, puede provocar desgracias mucho mayores de las razonablemente esperables.

Es lógica la preocupación por la seguridad e integridad física de los trabajadores en estos casos. Por ello, la LPRL, en su artículo 20, establece la obligación del empresario de analizar las posibles situaciones de emergencia y adoptar las medidas necesarias en materia de primeros auxilios, lucha contra incendios y evacuación de los trabajadores.

Para actuar, es necesario decidir con rapidez qué se debe y qué no se debe hacer ante un siniestro, pues de los primeros instantes va a depender en gran medida la repercusión del accidente y la vida de los trabajadores afectados.

Por otro lado, quien está presente para prestar asistencia en el momento del accidente no suele ser personal sanitario. Son los propios trabajadores quienes deben prestar la ayuda necesaria urgente. Por todo ello, la formación en emergencias es muy importante y, en particular, en primeros auxilios.

2. Tipos de accidentes

Según la Organización Internacional del Trabajo, los factores más importantes a tener en cuenta en la clasificación de accidentes son:

- Naturaleza de la lesión.
- Forma o tipo de accidente.
- Ubicación de la lesión.
- Aparato o agente material causante.

La más utilizada en prevención de riesgos laborales es la clasificación de accidentes de trabajo según la forma o tipo de accidente, que hace referencia a las características del acontecimiento que ha tenido como resultado directo la lesión, es decir, a la manera en que el objeto o la sustancia en cuestión ha entrado en contacto con la persona afectada.

 **Recuerde**

Accidente de trabajo es todo hecho o suceso anormal, no querido ni deseado, repentino, inesperado, previsible y normalmente evitable que se presenta de forma brusca en el entorno de trabajo, paraliza la acción productiva e interrumpe la continuidad del trabajo y puede causar lesiones a las personas.

2.1. Clasificación por forma o tipo de accidente

Se ha de tener presente que cualquier tipo de accidente puede originar una emergencia o, dicho de otro modo, que el origen de una situación de emergencia es siempre un accidente.

 Importante

La primera actuación ante una emergencia debe ser, en la medida de lo posible, identificar su causa.

La clasificación según la forma de contacto que se utiliza en la declaración electrónica de trabajadores accidentados (Delt@) es la siguiente:

- 0: Ninguna información.

  - 00: Ninguna información.

- 1: Contacto eléctrico, con fuego, temperaturas o sustancias peligrosas.

  - 11: Contacto con un arco eléctrico o rayo (pasivo), sin contacto material con el elemento.
  - 12: Contacto directo o indirecto con la electricidad, recibir una descarga eléctrica.
  - 13: Contacto con llamas directas u objetos o entornos con elevada temperatura.
  - 14: Contacto con objeto o entorno frío o helado.
  - 15: Contacto con sustancias peligrosas a través de nariz o boca por inhalación.
  - 16: Contacto con sustancias peligrosas a través de la piel y de los ojos.
  - 17: Contacto con sustancias peligrosas a través del sistema digestivo, tragando.
  - 19: Otro contacto conocido del grupo 1 no mencionado anteriormente.

- 2: Ahogamiento, quedar sepultado, quedar envuelto.

  - 21: Ahogamiento en un líquido.
  - 22: Quedar sepultado bajo un sólido.
  - 23: Estar envuelto por, rodeado de gases o de partículas en suspensión.
  - 29: Otro contacto conocido del grupo 2 no mencionado anteriormente.

- 3: Golpe contra un objeto inmóvil, trabajador en movimiento.

  - 31: Golpe sobre o contra resultado de una caída del trabajador.
  - 32: Golpe resultado de un tropiezo sobre o contra un objeto inmóvil.
  - 39: Otro contacto conocido del grupo 3 no mencionado anteriormente.

- 4: Choque o golpe contra un objeto en movimiento, colisión con.

  - 41: Choque o golpe contra un objeto o fragmentos proyectados.
  - 42: Choque o golpe contra un objeto que cae o se desprende.
  - 43: Choque o golpe contra un objeto en balanceo o giro.
  - 44: Choque o golpe contra un objeto, incluidos los vehículos-trabajador inmóvil.

▮ 45: Colisión con un objeto, vehículo o persona-trabajador en movimiento.

▮ 46: Golpe de mar.

▮ 49: Otro contacto conocido del grupo 4 no mencionado anteriormente.

■ 5: Contacto con agente material cortante, punzante, duro.

▮ 51: Contacto con un agente material cortante (cuchillo, hoja, etcétera).

▮ 52: Contacto con un Agente material punzante (clavo, herramienta afilada, etcétera).

▮ 53: Contacto con un agente material que arañe (rallador, lija, tabla, etcétera).

▮ 59: Otro contacto conocido del grupo 5 no mencionado anteriormente.

■ 6: Quedar atrapado, ser aplastado, sufrir una amputación.

▮ 61: Quedar atrapado, ser aplastado en algo en movimiento.

▮ 62: Quedar atrapado, ser aplastado bajo algo en movimiento.

▮ 63: Quedar atrapado, quedar aplastado - entre algo en movimiento y otro objeto.

▮ 69: Otro contacto conocido del grupo 6 no mencionado anteriormente.

■ 7: Sobreesfuerzo, trauma psíquico, radiaciones, ruido, etcétera.

▮ 71: Sobresfuerzo físico sobre el sistema musculo-esquelético.

▮ 72: Exposición a radiaciones, ruido, luz o presión.

▮ 73: Trauma psíquico.

▮ 79: Otro contacto conocido del grupo 7 no mencionado anteriormente.

■ 8: Mordeduras, patadas, etcétera (de animales o personas).

▮ 81: Mordeduras, arañazos.

▮ 82: Picadura de un insecto, un pez.

▮ 83: Golpes, patadas, cabezazos, estrangulamiento, etcétera.

▮ 89: Otro contacto conocido del grupo 8 no mencionado anteriormente.

- 9: Infartos, derrames cerebrales y otras patologías no traumáticas.

  ▪ 90: Infartos, derrames cerebrales y otras patologías no traumáticas.
  ▪ 99: Otro contacto-tipo de lesión no codificado en la presente clasificación.

3. Evaluación primaria del accidentado

Según el Diccionario de la Real Academia de la Lengua Española, una emergencia es: una "situación de peligro o desastre que requiere una acción inmediata".

Por tanto, según se ha introducido, cualquier accidente constituirá una emergencia, ya que requerirá una acción inmediata, por pequeña que sea.

 Ejemplo

Si un trabajador sufre una laceración manipulando un objeto cortante, tendrá que interrumpir la actividad para acudir al botiquín y colocarse una tirita. Cosa que ocurrirá aunque la hemorragia se haya cortado, para evitar la molestia.

Sin embargo, a partir de ahora, cuando se haga referencia a la emergencia, se plantearán situaciones de mayor entidad, que no puedan ser resueltas por el propio afectado, y que exijan, al menos, la prestación de primeros auxilios por parte de un compañero.

3.1. Pautas de actuación

Resulta evidente que, antes de acometer ninguna actuación sobre el accidentado, se debe evaluar la situación. Esto implica realizar una inspección del lugar del accidente, reconociendo aquellas condiciones que puedan agravar el estado de los accidentados y puedan producir un aumento del riesgo, tanto para los trabajadores que hayan sufrido una lesión, como para aquellas personas que participen en el auxilio.

En la situación de emergencia que relata la anterior noticia, el peligro que se encontraba presente y al que se expuso el trabajador, con el trágico desenlace de su fallecimiento, fue la corriente eléctrica. Por desgracia, la atención sanitaria llegó demasiado tarde para el trabajador, pero si hubiera estado presente un compañero, las pautas de actuación que debería haber seguido son las siguientes:

Señalizar el accidente

Es la primera actuación que se debe emprender. Si la situación se complica, es especialmente importante que la zona esté señalizada desde el principio.

Reconocer y evitar los peligros que estén presentes

En numerosas ocasiones, el riesgo no desaparece cuando se materializa el accidente. Si se ha producido un contacto eléctrico, no existe la certeza, si no se realizan las verificaciones pertinentes, de que la electricidad ya no esté presente. Lo mismo ocurre con las fugas de gases, se ha de cortar el suministro antes de actuar. En el caso de derrumbamientos, hay que asegurarse de que la situación ya es estable y no van a producirse más.

Se trata de evitar que el accidente se agrave como consecuencia de lo que se haga o de lo que no se haga. Se ha de actuar con diligencia, sin prisas, pero sin pausas, adoptando una actitud serena, tranquilizando al herido.

En general, la premisa básica en primeros auxilios es manejar al herido con precaución.

Importante

Solo en el caso de que exista peligro para la vida e integridad física del accidentado si permaneciese en el lugar del accidente, es preciso plantearse la movilización.

Avisar

Es el paso previo a la prestación de socorro. De nuevo, es muy importante no olvidarlo, ya que será vital en el caso de que la situación se complique.

Examinar al herido

Lo más urgente es detectar aquellas alteraciones que pongan en peligro las funciones vitales de la víctima. Por ello, se debe:

- Comprobar el estado de conciencia del accidentado.
- Comprobar que las vías respiratorias no están obstruidas. Ver, oír y sentir la respiración del accidentado.
- Comprobar que tiene pulso.

Esquema PAS (proteger, avisar, socorrer)

Seguidamente, se realiza una segunda inspección, en la que se debe detectar la presencia de heridas, coloración de la piel, deformidades en las extremidades, hemorragias, etcétera. Esta segunda exploración debe ser exhaustiva, ya que es frecuente, cuando se presenta una lesión muy llamativa, que se olvide lo demás, aunque pudiera ser más importante.

Ejemplo

Es habitual, en el caso de los quemados que presentan simultáneamente fracturas, que no se preste la suficiente atención a estas, al resultar las quemaduras más espectaculares.

Tras esta exploración, llega el momento de aplicar las técnicas de primeros auxilios en función de las alteraciones detectadas.

4. Primeros auxilios

En el centro de trabajo siempre existe la posibilidad de que se produzcan accidentes y que estos sean origen de lesiones. El estado y la evolución de las lesiones derivadas de un accidente dependen, en gran parte, de la rapidez y la calidad de los primeros auxilios recibidos.

Sabía que...

Las condiciones mínimas de los locales de primeros auxilios y su material se especifican el Anexo VI del R. D. 486/1997, de Lugares de Trabajo. Solo las empresas con más de 50 trabajadores o más de 25, cuando lo determine la autoridad laboral, han de disponer obligatoriamente de locales de primeros auxilios.

La Ley 31/1995, de 8 de noviembre, de Prevención de Riesgos Laborales, en el Capítulo III, artículo 20, marca como obligación del empresario el análisis de las posibles situaciones de emergencia, así como la adopción de las medidas necesarias, entre otras, en materia de primeros auxilios.

Las actuaciones a realizar por el empresario, según la LPRL, son las siguientes:

- Designación del personal encargado de poner en práctica dichas medidas previa consulta de los delegados de prevención.
- Revisión o comprobación periódica del correcto funcionamiento de las medidas adoptadas.
- Organización de las relaciones que sean necesarias con servicios externos para garantizar la rapidez y eficacia de las actuaciones en materia de primeros auxilios y asistencia médica de urgencias.

 Nota

Este personal deberá recibir formación en materia de primeros auxilios, ser suficiente en número y disponer de material adecuado, a tenor del tamaño y la actividad de la empresa, de la organización del trabajo y del nivel tecnológico de aquella.

La Ley de Infracciones y Sanciones del Orden Social indica que es infracción grave:

No adoptar las medidas previstas en el artículo 20 de la Ley de Prevención de Riesgos Laborales en materia de primeros auxilios, lucha contra incendios y evacuación de los trabajadores.

Nota

La sanción económica que conlleva una infracción grave varía, según su grado, desde 2.046 a 40.985 euros.

Empresarios y trabajadores han de procurar que los efectos negativos de los accidentes de trabajo sean los menores posibles. Por ello, en la empresa, deberán existir medios y personal preparado en materia de primeros auxilios.

Definición

Primeros auxilios

Aquellos gestos o medidas que se adoptan inicialmente con un accidentado o enfermo repentino, en el mismo lugar de los hechos, hasta que se pueda obtener una asistencia especializada.

En la mayoría de los accidentes, las consecuencias son leves (esguinces, pequeños cortes, etcétera), pero también pueden producirse lesiones de mayor gravedad (fracturas, hemorragias, quemaduras graves e incluso la muerte del trabajador).

Los primeros auxilios requieren de un aprendizaje y formación de la persona que ha de realizarlos.

 **Ejemplo**

El caso de un accidentado que presenta una fractura cerrada de tibia. La actuación en primeros auxilios podría consistir en tranquilizar a la persona, evitar que se mueva, tapar con una manta y avisar a una ambulancia para su traslado. Resulta evidente que eso está al alcance de cualquiera.

Ahora bien, si en lugar de tratarse de una fractura cerrada, la fractura fuese abierta y el hueso fracturado seccionase una arteria, el trabajador podría morir en pocos minutos, antes de la llegada de los servicios médicos. Solo un trabajador con conocimientos en primeros auxilios sabría diferenciar ambas situaciones y la actuación adecuada a seguir.

Por otro lado, en el supuesto de una parada cardiorrespiratoria, está demostrado que se produce la muerte cerebral en apenas 5 minutos. Si en ese lapsus de tiempo, alguien practicase las primeras maniobras de reanimación, al menos el 50% de los casos llegarían con vida a un centro hospitalario.

4.1. Nociones básicas de anatomía

Lo anterior justifica que se deban poseer unos conocimientos elementales de las estructuras anatómicas y del funcionamiento de los principales órganos, pudiendo resultar convenientes unas nociones básicas y fundamentales de anatomía.

Partiendo de estos conocimientos básicos, se podrá analizar cuál ha de ser la actuación al prestar primeros auxilios al accidentado en función del daño o lesión corporal que este sufra.

Sistema esquelético

El esqueleto humano consta de 200 huesos unidos entre sí por articulaciones. Su función fundamental consiste en dar apoyo a otras estructuras, como los músculos, facilitando los movimientos. Además, protege las partes blandas y los órganos vitales.

Es el caso de los pulmones, que están albergados en la cavidad formada por las costillas.

Recuerde

Para poder prestar primeros auxilios efectivos, es necesario tener un cierto conocimiento del cuerpo humano, sus componentes y funciones.

Sistema esquelético

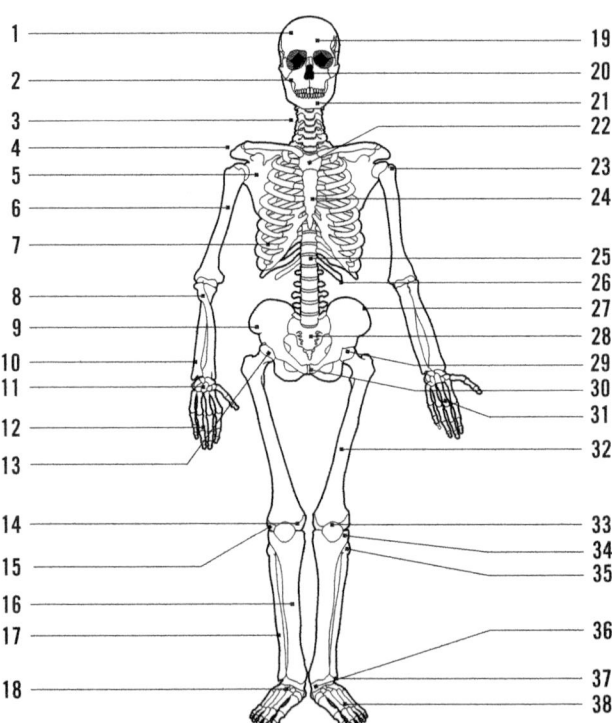

Continúa en página siguiente >>

<< Viene de página anterior

1. Parietal
2. Maxilar
3. Vértebras cervicales
4. Clavícula
5. Escápula
6. Húmero
7. Costillas
8. Radio
9. Ilíaco
10. Cúbito
11. Carpo
12. Falanges
13. Cuello del fémur

14. Cóndilo interno
15. Cóndilo externo
16. Tibia
17. Peroné
18. Tarso
19. Frontal
20. Tabique nasal
21. Mandíbula
22. Manubrio del esternón
23. Cabeza del húmero
24. Cuerpo del esternón
25. XII vértebra dorsal
26. XII costilla

27. Cresta ilíaca
28. Hueso sacro
29. Cabeza del fémur
30. Pubis
31. Metacarpo
32. Fémur
33. Rótula
34. Cóndilo lateral
35. Cabeza del peroné
36. Maléolo interno
37. Maléolo externo
38. Metatarso

Las distintas regiones anatómicas del cuerpo son:

Cráneo

Contiene en su interior las estructuras fundamentales del sistema nervioso central.

Cara

Encierra el comienzo del aparato respiratorio y digestivo. Además, es importante por su valor estético.

Columna vertebral

Constituida por huesos cortos, llamados vértebras, aloja en su interior la médula espinal, que recorre el canal vertebral en casi toda su longitud.

 **Importante**

La médula es una parte muy importante del sistema nervioso central, ya que se trata de un tejido sin posibilidad de recuperación, por lo que su rotura accidental comporta graves incapacidades y limitaciones funcionales.

Extremidades superiores

Están constituidas por:

- Hombro: formado por clavícula y omóplato o escápula.
- Brazo: constituido por el húmero, que se articula con la escápula.
- Antebrazo: con dos huesos largos, el cúbito y el radio, que en su articulación superior con el húmero forman el codo y, en la inferior con el carpo, la muñeca.
- Mano, donde se distinguen tres porciones: el carpo, el metacarpo y los dedos.

Extremidades inferiores

Se distinguen cuatro partes:

- Cadera, que consta de tres huesos: isquion, íleon y pubis.
- Muslo: un solo hueso largo, el fémur, que se articula por arriba con la cadera y por abajo con la tibia en la articulación de la rodilla.
- Pierna: formada por dos huesos, tibia y peroné.
- Pie: formado por tarso, metatarso y dedos.

El sistema esquelético de forma conjunta con el sistema muscular contráctil dota a nuestro organismo de la capacidad del movimiento. El sistema nervioso central es el que conduce las órdenes que dirigen y coordinan todos los movimientos.

Sabía que...

Existen dos tipos de músculos: los voluntarios y los involuntarios. Entre los segundos está el corazón, que se relaja y contrae involuntariamente.

Sistema circulatorio y corazón

La sangre, que circula gracias al corazón y al sistema circulatorio, es la encargada de transportar a todas y cada una de las células del organismo el oxígeno y todos los nutrientes que necesitan. También recoge de ellas todos los desechos y productos nocivos que, posteriormente, elimina por filtrado en los riñones.

El corazón es un órgano alojado en el interior del tórax, protegido por la jaula costal. Se encarga de bombear la sangre a los vasos, lo que consigue mediante contracciones (sístoles) y dilataciones (diástoles) sucesivas.

Aparato circulatorio

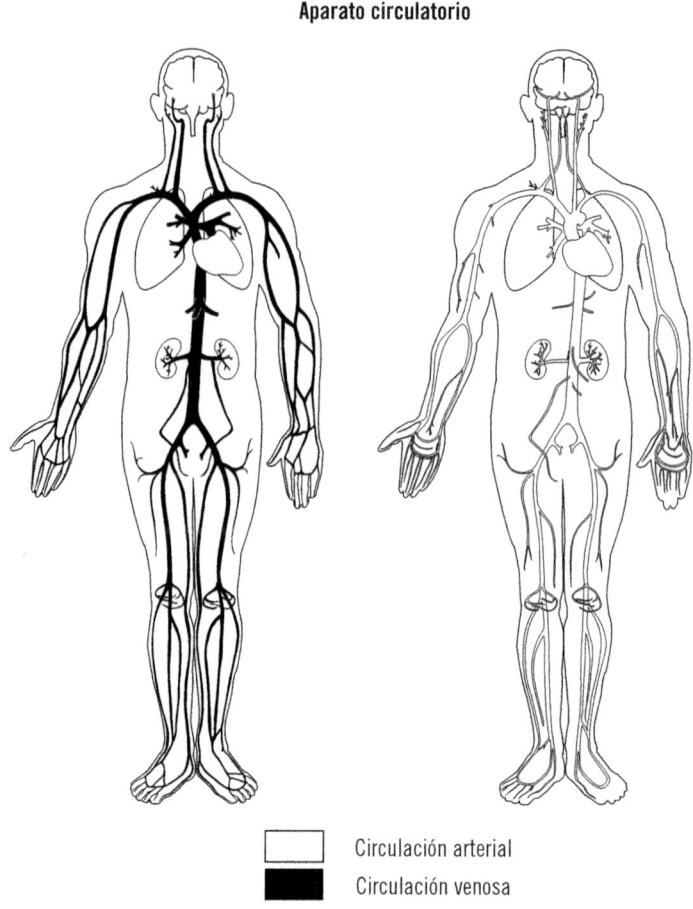

Circulación arterial
Circulación venosa

![?] **Sabía que...**

El corazón se activa por estímulos nerviosos autónomos originados en el propio músculo, entre 60 y 80 veces por minuto.

La sangre circula por los vasos sanguíneos, entre los que se distinguen tres tipos:

- Las **arterias** son vasos sanguíneos formados por una capa muscular fuerte que hace avanzar el flujo de sangre que sale del corazón y que ha recogido el oxígeno de los pulmones. Son de color rojo brillante.
- Las **venas** son vasos sanguíneos que únicamente tienen una fina capa muscular por la que circula la sangre empobrecida en oxígeno y, por esta razón, es de color granate oscuro. Esta sangre vuelve al corazón.
- Estos dos tipos de vasos sanguíneos, como las ramas de un árbol, se van bifurcando, haciéndose cada vez más pequeños, hasta formar los **capilares.**

Sistema respiratorio

A través de la nariz y la boca, el aire penetra hasta los pulmones, donde se encuentran los alvéolos, produciéndose un intercambio doble de gases. Por un lado, el oxígeno pasa desde el alvéolo hacia los capilares que lo rodean y, por otro, de la sangre de los capilares se desprende el dióxido de carbono y otros productos de desecho procedentes del metabolismo celular que pasan hacia el alvéolo. Con el objeto de renovar el aire interior de los alvéolos, la caja torácica tiene que realizar los movimientos de inspiración y espiración, a través de los cuales entra aire puro y se expulsa el anhídrido carbónico.

Aparato respiratorio

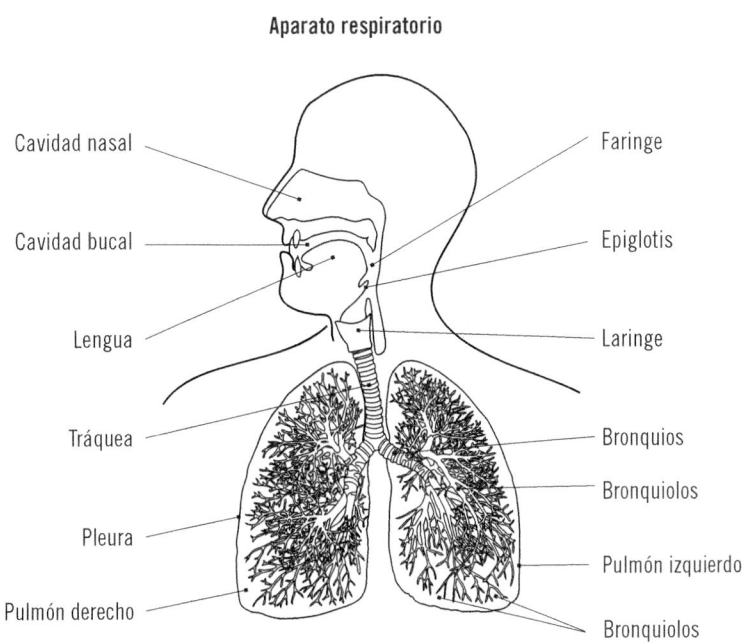

Cavidad nasal — Faringe

Cavidad bucal — Epiglotis

Lengua — Laringe

Tráquea — Bronquios

Pleura — Bronquiolos

Pulmón derecho — Pulmón izquierdo

Bronquiolos

Piel

La barrera que protege todo el organismo y separa del exterior es la piel. Posee dos capas, una externa y delgada llamada epidermis y otra más profunda y gruesa llamada dermis. En ella, se encuentran los órganos receptores del tacto (presión, frío, calor y dolor).

La piel protege el cuerpo humano frente a los microorganismos que producen infecciones, colabora en el mantenimiento de la temperatura corporal y ayuda en la eliminación de toxinas, agua y sales.

 Nota

En la piel se encuentran también los folículos pilosos, las glándulas sebáceas y las sudoríparas, que protegen y lubrican la piel y el pelo.

Esquema de la piel

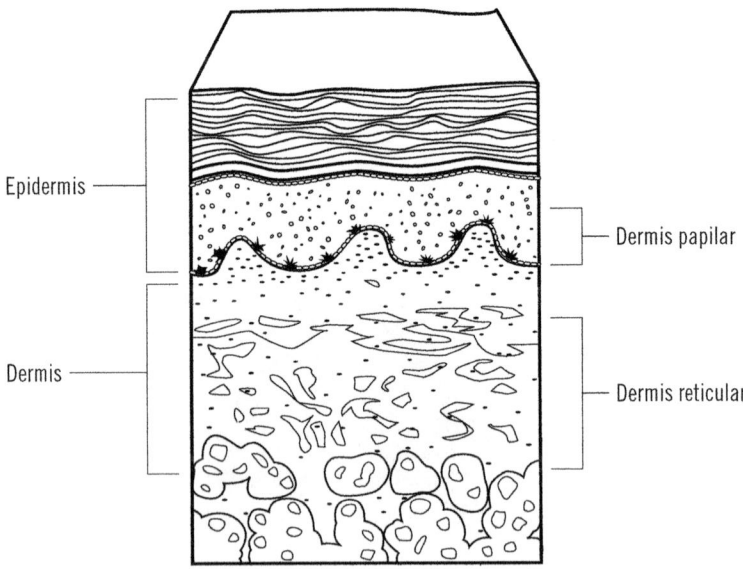

Sistema digestivo

El organismo, mediante la digestión, transforma los alimentos ingeridos en los compuestos que necesitan las células y que normalmente utilizan para producir energía y materiales estructurales.

Los alimentos son ingeridos por la boca y a la largo del tubo digestivo se van transformando en sustancias que, poco a poco, pasan a la sangre y a través de ella llegan a las células del cuerpo.

 Nota

En el tubo digestivo, existen numerosas glándulas de secreción que vierten diferentes sustancias en él con el objeto de facilitar la digestión.

Los restos de alimentos no absorbidos son expulsados del organismo a través del sistema digestivo en forma de heces.

Sistema digestivo

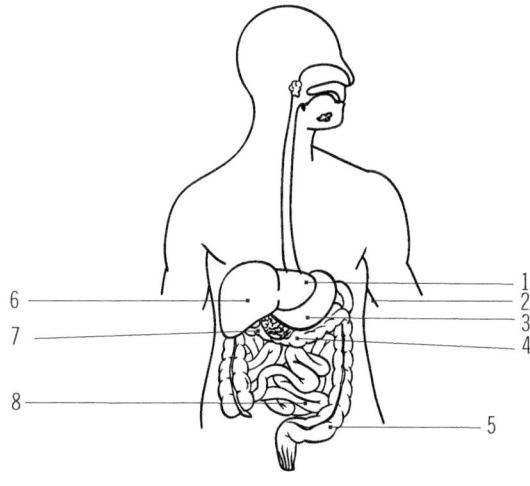

1. Lóbulo izquierdo del hígado
2. Bazo
3. Estómago
4. Pánncreas
5. Colon
6. Lóbulo derecho del hígado
7. Vesícula bilial
8. Intestino delgado

4.2. Herida

Conocido básicamente el funcionamiento del organismo, es necesario identificar la lesión. Herida es toda perforación o desgarramiento que se produce en la piel o cualquiera de los órganos internos.

Cuando se produce una herida, los síntomas que se presentan son dolor, a causa de la afectación de las terminaciones nerviosas de los tejidos dañados y hemorragia, si la herida sangra.

Se pueden clasificar, en función de cómo se produce la herida y del agente causante de la misma, en:

- **Heridas punzantes:** las producidas por puntillas, clavos, etcétera, normalmente se originan por falta de orden y limpieza en el lugar de trabajo. Por ejemplo, si caminando por una obra de construcción sin calzado de seguridad se pisa un tablón en el que hay puntas clavadas, se producirá una herida punzante en la planta del pie, si estas atraviesan la suela del zapato.
- **Heridas incisas:** las producidas por objetos afilados, se originan fundamentalmente por el uso de herramientas inadecuadas o por el mal uso de estas. Por ejemplo, el uso del destornillador para la apertura de latas de pintura.
- **Heridas contusas:** originadas por objetos romos con bordes irregulares. Por ejemplo, la práctica poco recomendable de utilizar el destornillador a modo de cincel. Como la herramienta no está concebida para ese uso y no posee una protección adecuada en el agarre, no es improbable que se termine golpeando la mano con el martillo o mazo.
- Por último, se considera un **desgarro** de tejidos el atrapamiento o la tracción de los tejidos contra objetos.

Actuación ante las heridas leves y graves

El primer paso es determinar la gravedad de la herida, ya que en función de ella se actuará. La gravedad depende de:

- La extensión y profundidad.
- La parte del cuerpo afectada, siendo más graves las producidas en cara, manos, pies y genitales o en la proximidad de una arteria.

- La existencia de hemorragia.
- La presencia de cuerpos extraños.
- La probabilidad de infección
- El hecho de que afecte a órganos internos, abdomen o tórax.

Para prestar primeros auxilios a un compañero que ha sufrido una herida leve, se debe:

1. En primer lugar, quitar todos los objetos que compriman o puedan contaminar la herida, como ropas, anillos, etcétera.
2. A continuación, si la herida sangra, se debe contener la hemorragia y limpiarla con agua, jabón o antisépticos.
3. Por último, colocar un apósito, intentado cerrar los bordes de la herida, y sobre el mismo un vendaje ligeramente compresivo.

Cuando se trate de una herida grave, se deberá:

1. Valorar previamente la longitud, gravedad y cuantía de la hemorragia.No es necesario explorar la herida, ni limpiarla rigurosamente, puesto que se podría provocar una mayor hemorragia.
2. A continuación, se ha de colocar un vendaje ligeramente compresivo que actúe como torniquete. Si el desplazamiento hasta el centro sanitario es prolongado, se ha de aflojar cada cierto tiempo con el objeto de evitar que los tejidos se gangrenen por la falta de riego sanguíneo.
3. Si el apósito se mancha de sangre, se tiene que colocar otro encima y elevar el miembro.

 Importante

Es preciso recordar la hora exacta en que se colocó el torniquete e informar al personal sanitario lo antes posible. Realizar un torniquete es siempre la última opción.

Actuación ante las heridas muy graves

Tendrán la consideración de heridas muy graves aquellas que afecten a la
caja torácica, puesto que en ella se albergan órganos que son vitales y una
lesión puede provocar la muerte del accidentado en pocos minutos. En este
caso, la probabilidad de salvación de la víctima dependerá de la rapidez y la
pericia con que se preste el auxilio.

Las heridas torácicas pueden ser abiertas, abiertas con objetos clavados
o traumatismos torácicos cerrados. A continuación, se exponen las pautas de
actuación ante cada una de ellas.

Herida torácica abierta

■ Taponar la herida con un plástico.
■ Colocar un apósito encima del plástico, cerrando por tres lados con
  esparadrapo, dejando uno de ellos abierto, para que sirva de válvula
  de escape y evitar que se acumule aire dentro del pulmón.
■ Tranquilizar al herido mientras llegan los servicios sanitarios.
■ Mantener al herido en posición de semitumbado.

Primeros auxilios herida torácica abierta

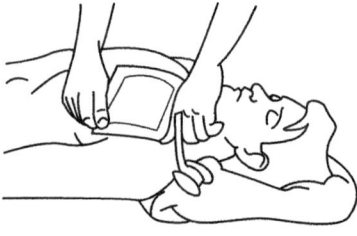

Herida torácica con objetos clavados

■ No retirar el objeto clavado.
■ Comprobar si el accidentado respira.

∎ Inmovilizar el objeto colocando un apósito alrededor.

∎ Realizar una leve compresión alrededor del objeto, con la precaución de no introducirlo más.

∎ Trasladar al accidentado, en caso de ser necesario, al centro hospitalario, en postura de semisentado.

Primeros auxilios herida torácica objeto clavado

Traumatismo torácico cerrado

∎ Estabilizar la caja torácica y prevenir la obstrucción de las vías aéreas.

∎ Presionar sobre la zona afectada con las manos, impidiendo que la caja torácica se mueva.

∎ Colocar al herido en decúbito supino lateral sobre el lado afectado.

∎ Extraer cuerpos extraños de la boca.

Posición lateral de seguridad

Aplicación práctica

Un joven de 31 años, en el trascurso de su jornada laboral, sufre la amputación de la falange distal del tercer dedo de la mano derecha mientras manipulaba una prensa de inyección de PVC. En concreto, el accidente se produjo al desmontar la carcasa de seguridad que protegía al operario de las partes móviles de la prensa.

¿Cuál es la actuación correcta ante esta situación?

SOLUCIÓN

Como en todo auxilio a un lesionado, se debe actuar con serenidad, tranquilizando al herido. Lo primero es proteger y después avisar.

A continuación, hay que envolver la mano con gasas o paños limpios, recoger el miembro amputado y envolverlo en gasas estériles o paños e introducirlo en un recipiente herméticamente cerrado o bolsa de plástico limpia y bien cerrada. Este recipiente se debe colocar dentro de otro recipiente con agua y unos cubitos de hielo.

Posteriormente, se tiene que trasladar al accidentado y el miembro amputado, lo más rápidamente, a un centro hospitalario, avisando telefónicamente durante el traslado.

Primeros auxilios de un miembro amputado

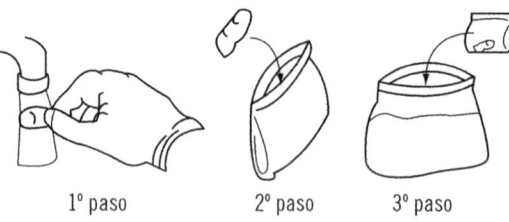

1º paso   2º paso   3º paso

4.3. Quemaduras

Una quemadura es la destrucción de tejidos producida por el contacto con el fuego o con una sustancia cáustica o corrosiva. La gravedad dependerá de la profundidad de los tejidos dañados y de la extensión de la misma.

 Nota

Los tejidos, cuando se calientan por encima de los 45-50 °C, comienzan a alterarse; si esta exposición se prolonga, puede dar como resultado la quemadura.

Según estos dos parámetros, se clasifican en:

■ **Quemaduras de primer grado:** son las más superficiales y afectan a la capa más externa de la piel. Suelen producir un leve enrojecimiento.
■ **Quemaduras de segundo grado:** afectan a la dermis en profundidad. Suelen aparecer ampollas rellenas de suero. Son muy dolorosas, pero suelen tender a la epitelización y reparación de tejidos sin secuelas.
■ **Quemaduras de tercer grado:** destruyen todo el espesor de la piel. Pueden aparecer, según la intensidad, zonas ennegrecidas por la carbonización de los tejidos.

 Sabía que...

Las quemaduras de tercer grado no son dolorosas, puesto que los nervios y receptores nerviosos de la piel se han destruido.

Otra forma útil de clasificar las quemaduras es en función de la fuente que las origina:

- **Termales:** producidas por líquido hirviendo, sólidos a altas temperaturas y fuego.
- **Químicas:** producidas por sustancias corrosivas o cáusticas.
- **Eléctricas:** se originan cuando la corriente eléctrica pasa por el cuerpo humano.
- **Radiaciones:** producidas por la acción de ondas electromagnéticas. Tienen la particularidad de que no es necesario que exista contacto con un cuerpo.

Esquema de la piel según su grado de quemadura

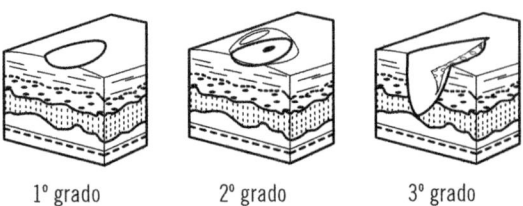

1º grado   2º grado   3º grado

 Ejemplo

Las quemaduras que produce el sol en la piel son debidas a la radiación. La piel no entra en contacto con ningún cuerpo caliente, pero sí con los rayos provenientes del sol.

La extensión de la quemadura es un factor de suma importancia para determinar su gravedad.

Para calcular la extensión, se utiliza una regla nemotécnica muy sencilla que se conoce como regla de los nueves, dividiendo la superficie corporal en áreas que suponen el 9 % o múltiplos del mismo.

- Cabeza y cuello: 9 %.
- Brazo: 9 %.
- Cara anterior de tórax y abdomen: 18 %.
- Espalda y nalgas: 18 %.
- Pierna: 18 %.
- Genitales: 1 %.

Regla de los "9"

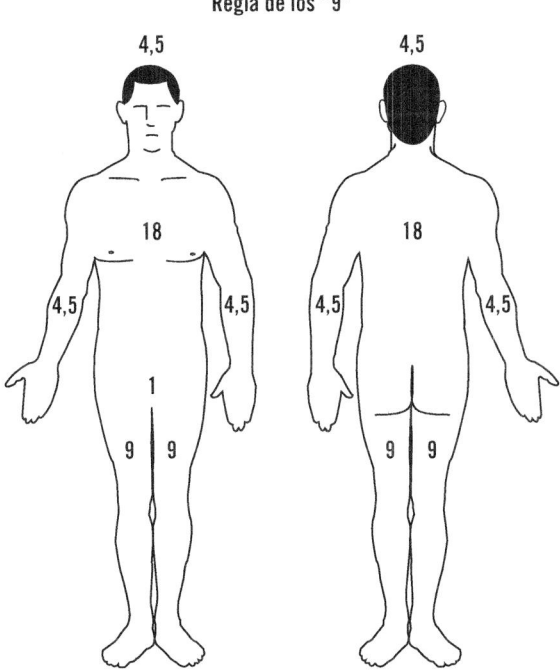

En función de su extensión, se consideran graves todas las quemaduras superiores al 10 % de la superficie corporal. Igual consideración, por sus secuelas laborales y sociales, tienen las que afectan a la cara, manos, pies, genitales y pliegues de flexoextensión.

Nota

La piel de los pliegues de flexoextensión es la que rodea a las articulaciones. Su lesión dificulta el movimiento de estas.

Actuación ante las quemaduras

El procedimiento general de actuación ante una quemadura es:

- Eliminar o suprimir la causa. Si la ropa está en llamas, impedir que el accidentado corra, enrollarlo en una manta o abrigo para sofocar las llamas o hacerlo rodar por el suelo.
- Enfriar la quemadura. Rociar las regiones quemadas con abundante agua a una temperatura entre 10 y 20 ºC, durante 10 o 15 minutos.
- Cubrir las quemaduras. Proteger las quemaduras con sábanas limpias y, a ser posible, con compresas estériles.
- Cubrir al herido. Con una manta o similar a fin de evitar el enfriamiento general.
- Colocar al accidentado en posición horizontal, generalmente de espaldas, o en posición lateral si tiene quemada la espalda o boca abajo si tiene quemados los costados y la espalda.
- No dar de beber ni comer al quemado grave.
- Trasladar al accidentado de forma urgente al centro hospitalario.

Si la quemadura se ha producido como consecuencia de una electrocución, se debe actuar de la siguiente manera:

- Cortar la corriente eléctrica antes de tocar al accidentado. En caso de que esto no sea posible, aislarlo utilizando un objeto que no sea conductor de la electricidad, por ejemplo cualquier objeto de madera. En ningún caso se deben emplear objetos metálicos.
- En caso de parada cardiorrespiratoria, iniciar resucitación cardiopulmonar sin interrupción hasta la llegada del personal sanitario de urgencia.

Recuerde

Antes de prestar primeros auxilios, hay que avisar al personal sanitario.

Cuando se trate de quemaduras químicas, en las que la piel se pone en contacto con un ácido o una base potente, de uso común en productos de limpieza, procesos industriales y laboratorios, se debe:

- Tranquilizar al paciente.
- Lavar con abundante agua la zona afectada.
- Cubrir la zona quemada con paños limpios.
- Trasladar al paciente al hospital.

4.4. Fracturas

Una fractura es la rotura de un hueso o bien la discontinuidad del tejido óseo (fisura). Existen distintos tipos de fractura, pero desde el punto de vista de los primeros auxilios carece de interés hacer distinción, pues la sintomatología será común y el diagnóstico diferencial se realizará con posterioridad a través del estudio radiológico. No obstante, podrán clasificarse a las fracturas en dos tipos: las abiertas, de especial gravedad, ya que el hueso roto rasga la piel produciendo heridas y posibles hemorragias, y las cerradas, menos graves, cuando no existe herida.

El tratamiento que como norma general ha de prestarse a las fracturas en primeros auxilios consistirá en:

- Evitar movilizaciones.
- Realizar una evaluación primaria de los signos vitales y una secundaria preguntando por sensaciones, dolor, posibilidad de movimiento y observando la similitud de las extremidades, el acortamiento de las mismas, las deformidades, etcétera.

- Valorar el pulso distal radial, para descartar la existencia de hemorragias internas. Para ello, se palpa, realizando una presión suave con la tercera falange de los dedos medio y corazón, la arteria radial en la zona media de la cara interna de la muñeca.
- En el caso de una fractura abierta, aplicar sobre la herida apósitos estériles.
- Inmovilizar la fractura en la posición en que se encuentra para evitar mayor dolor y agravar la lesión. La inmovilización se puede realizar con almohadas, revistas, maderas acolchadas, férulas, cabestrillos, etcétera.
- Colocar, si es posible, un entablillado rígido y largo que comprenda la articulación que está por encima y por debajo de la fractura.
- Tapar al paciente.

- Evacuar, en caso de ser necesario, manteniendo el control de las constantes vitales y vigilando el acondicionamiento de la fractura.

Inmovilización fracturas

Recuerde

Antes de prestar primeros auxilios, hay que avisar al personal sanitario.

5. Socorrismo

Socorrer a un accidentado es algo más que prestar primeros auxilios. Cuando la vida corre serio peligro se habla de socorrer y la persona que lo realiza debe estar especialmente adiestrada para poder poner en marcha el soporte vital básico.

Nota

A lo largo de este manual se usará el acrónimo SVB, que son las siglas de soporte vital básico.

Se denomina SVB al conjunto de actuaciones que van desde la detección de la situación médica por la que se solicita ayuda sanitaria, al inicio del tratamiento básico al accidentado. Incluye las técnicas que deben realizarse ante situaciones que ponen en serio peligro la vida de una persona, como son la asfixia, la hemorragia exanguinante, la inconsciencia, el traumatismo grave, el paro respiratorio aislado y el paro cardiorrespiratorio.

Sabía que...

El SVB es realizado sin ningún tipo de equipamiento, aceptándose como único material accesorios denominados "de tipo barrera", que van a evitar el contagio directo boca a boca entre el reanimador y el accidentado.

Las técnicas que forman parte del SVB son:

- Resucitación cardiopulmonar básica para casos de paradas cardiorrespiratorias.
- Técnicas de control de los diferentes tipos hemorragias.
- Maniobra de Heimlich para atragantamientos.

5.1. Resucitación cardiopulmonar básica

Probablemente, la alteración más grave que le puede ocurrir al organismo humano es la parada cardiorrespiratoria, ya que en numerosas ocasiones conduce a la muerte.

Esta situación requiere de una actuación rápida, pero, sobre todo, de una actuación correcta de la persona que va a auxiliar. El cerebro es capaz de permanecer sin oxigenación unos cuatro o cinco minutos sin sufrir lesiones irreversibles. Teniendo en cuenta que es difícil que los servicios médicos lleguen al lugar de los hechos en menos de ese tiempo, se hace necesario tener perfecto conocimiento de la realización de las maniobras de RCP para mantener al individuo con vida hasta la llegada de la ayuda especializada.

Nota

El acrónimo RCP responde a las siglas de reanimación cardiopulmonar.

La RCP en adultos la constituyen una serie de maniobras destinadas a la resucitación de una persona que ha sufrido un cese brusco de la respiración y/o de las contracciones cardiacas efectivas durante un período superior a 60 segundos y cuyo estado de salud no hacía suponer que falleciese súbitamente. Esta situación puede acontecer por diversas causas. Las más frecuentes son:

- Paro cardíaco propiamente dicho.
- Obstrucción respiratoria.
- Traumatismos en el tórax o en la cabeza.
- *Shock.*
- Electrocución.
- Reacción alérgica.
- Hemorragias extremas.

Al fallar la función cardiaca, el individuo cae inconsciente. Tras 30 segundos, el electrocardiograma se vuelve plano y, a los 60 segundos, la respiración cesa espontáneamente. Si esta situación sigue más de 4 o 5 minutos aparecen lesiones cerebrales de carácter irreversible.

Por otro lado, si sucede primero una parada respiratoria, el corazón seguirá latiendo unos cinco o seis minutos más y las lesiones cerebrales tardarán más en aparecer, aunque el individuo siga inconsciente.

La parada origina una pérdida de conciencia, lo que a su vez produce que la persona caiga al suelo. La forma de actuar es la siguiente:

■ Colocarse arrodillado al lado de los hombros de la víctima y hablarle en voz alta. Si no hay conciencia, se debe:

▪ Pedir ayuda.
▪ Abrir la vía respiratoria mediante la técnica de frente-mentón.

Posición frente-mentón

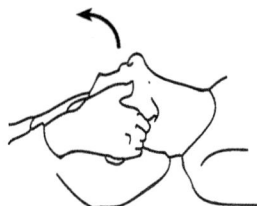

Es frecuente que, cuando existe una pérdida del nivel de conciencia, se produzca la obstrucción de la vía aérea por la lengua que, al perder su tono muscular, cae hacia atrás e impide el paso del aire.

 Nota

La obstrucción también podría suceder por la interposición de alguna prótesis dental que porte el accidentado.

Esta maniobra, que permite la entrada del aire sin obstáculos al interior de los pulmones, consiste en lo siguiente:

■ Colocar a la víctima boca arriba sobre una superficie firme y dura y realizar una hiperextensión del cuello del accidentado colocando una mano en la frente y la otra en el mentón, para abrir ligeramente la boca.
■ Retirar cualquier objeto visible dentro de la boca.

- Comprobar si la víctima respira, colocando la cabeza encima de su boca. De esta forma, se puede ver el tórax y el abdomen (para ver sus movimientos) y oír la respiración, así como sentir la salida de aire por la boca.
- Si la víctima respira espontáneamente, se debe mantener la vía respiratoria abierta y colocar al accidentado en postura lateral de seguridad.
- Si no respira, se pasará a iniciar la respiración artificial.

 Importante

Si se sospecha que la víctima tiene un traumatismo en el cuello o la columna, hay que evitar moverla.

Respiración artificial

Esta técnica consiste en introducir el aire expirado por el socorrista en las vías respiratorias de la víctima. Para ello, es necesario:

- Abrir y limpiar la vía de aire.
- Mantener la hiperextensión del cuello y, con la mano apoyada en la frente, cerrar los orificios nasales haciendo pinza con los dedos pulgar e índice, para evitar que el aire insuflado salga por la nariz.
- Realizar una inspiración profunda y, a continuación, sellar la boca del accidentado con la propia boca para insuflar el aire durante unos dos o tres segundos, observando cómo se expande el tórax de la víctima.
- Levantar levemente la cabeza, dejando salir el aire insuflado.
- Tras dos insuflaciones, hay que observar si se recuperan signos respiratorios, tos, movimientos reflejos, etcétera.
- Comprobar el latido carotídeo colocando dos dedos encima de la nuez del cuello y, deslizando hacia el ángulo mandibular, al comienzo de la musculatura del cuello.

■ Si existe pulso carotídeo, continuar con 10 insuflaciones de tres segundos para inspirar y otros tres segundos para exhalar el aire en los pulmones del accidentado.

■ Si no existe pulso carotídeo, comenzar con masaje cardiaco externo combinado con la respiración artificial.

 Nota

Existen protectores bucales para e la resucitación con objeto de evitar el contacto directo.

Masaje cardiaco externo

Para esta operación, el socorrista debe colocar a la persona boca arriba sobre una superficie dura. Posteriormente, debe situarse de rodillas, al lado de los hombros del accidentado. En esa posición, debe:

■ Localizar el apéndice xifoides y colocar la palma de una mano dos dedos por debajo de él.

■ Colocar el talón de la otra mano sobre esta, al objeto de evitar la compresión sobre el apéndice xifoides, minimizando la probabilidad de fractura de dicho hueso.

■ Entrelazar ambas manos con los dedos extendidos.

■ Colocar los brazos rectos perpendiculares al tórax de la víctima.

■ Comprimir el tórax de tres a cinco centímetros, así el corazón quedará comprimido entre las vértebras y el esternón y se producirá la expulsión de la sangre que se ha oxigenado con la respiración artificial, permitiendo la oxigenación cerebral suficiente para mantener con un hilo de vida al cerebro hasta que llegue asistencia médica especializada.

La combinación de respiración artificial y masaje cardiaco se denomina reanimación cardiopulmonar. Las maniobras de RCP no deben interrumpirse más de diez segundos para comprobar si la circulación ha vuelto.

Consejo

Los recomendable es que la RCP sea realizada por una sola persona. Como es una maniobra extenuante, puede relevarse con otro compañero cuando esté cansada.

El ritmo de ventilaciones y compresiones que ha de mantenerse es:

- 30 compresiones a velocidad de 80 a 100 veces por minuto.
- 2 insuflaciones.

Secuencia de RCP

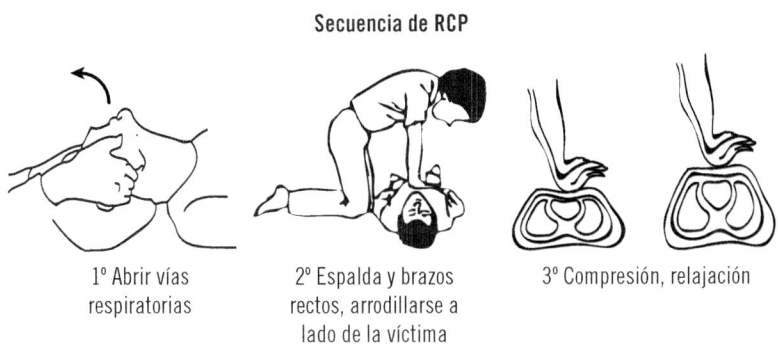

| 1º Abrir vías respiratorias | 2º Espalda y brazos rectos, arrodillarse a lado de la víctima | 3º Compresión, relajación |

5.2. Maniobra de Heimlich

Esta maniobra se realizará en caso de atragantamiento.

Si la víctima está consciente, se debe comprobar si puede emitir sonido, ya que esto supondrá que la obstrucción es parcial y con accesos de tos. Esta tos se podrá estimular siempre que la obstrucción no se haga completa. Si ocurriese esto, se ha de intentar la siguiente maniobra.

El socorrista ha de colocarse detrás de la víctima con los brazos alrededor de su cintura. Situar la parte superior del puño contra el abdomen, ligeramente por encima del ombligo, cogiendo el puño con la otra mano, y apretar el abdomen de seis a diez veces con rápidas compresiones hacia arriba.

Maniobra de Heimlich de pie

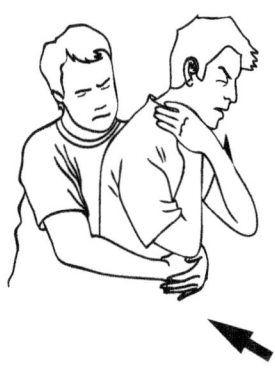

 Nota

Las compresiones crean un aumento de la presión intratorácica capaz de hacer expeler el cuerpo extraño de la vía aérea.

Si la víctima está inconsciente, se la debe colocar en el suelo, boca arriba, con la cabeza lateralizada.

El socorrista ha de situarse a caballo sobre las piernas de la víctima y colocar el talón de una mano sobre la otra y ambas apoyadas sobre el abdomen por encima del ombligo. Posteriormente, se ha de empujar hacia adentro y arriba de seis a diez veces.

Tras las compresiones, hay que abrir la vía aérea, cogiendo la lengua y la mandíbula inferior entre el pulgar y el resto de los dedos, y levantarla para insertar el dedo índice en forma de gancho e intentar arrastrar el cuerpo extraño hacia fuera.

Se deben repetir las compresiones tantas veces como sea necesario y, tras extraer el cuerpo extraño, hay que comprobar la respiración voluntaria de la víctima y la presencia de pulso para, en caso contrario, iniciar la RCP.

Maniobra de Heimlich víctima inconsciente

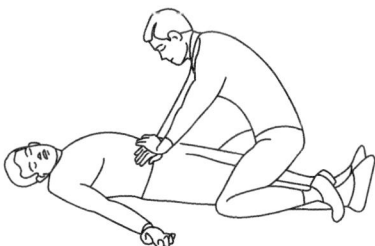

5.3. Técnicas para el control de hemorragias

Las hemorragias se dividen en:

- Externa: si la sangre sale fuera del organismo.
- Interna: cuando la sangre queda dentro del cuerpo.
- Exteriorizada: cuando sale fuera del organismo a través de sus orificios naturales.

Actuación del socorrista

Lógicamente, la actuación depende del tipo de hemorragia.

Hemorragia externa

Cuando se produce una hemorragia externa, se deben realizar las siguientes actuaciones:

- **Compresión local:** comprimir directa y fuertemente sobre la herida actuando con la máxima limpieza.
- **Compresión de puntos arteriales.**

■ **Torniquete o garrote:** solo se usará como última medida, ya que se dejará sin sangre toda la extremidad, lo que puede acarrear graves consecuencias.

Para realizar el torniquete, se debe tomar una tira ancha, lisa y larga, como para dar un par de vueltas a la extremidad. Se ata un nudo y, sobre este, se coloca un palo atado con otro nudo, lo que permite dar vueltas hasta conseguir que la sangre deje de fluir por la herida.

Nunca podrá aplicarse un torniquete más de veinte o treinta minutos y cada cierto tiempo ha de aflojarse para permitir el riego sanguíneo al resto de la extremidad.

Torniquete

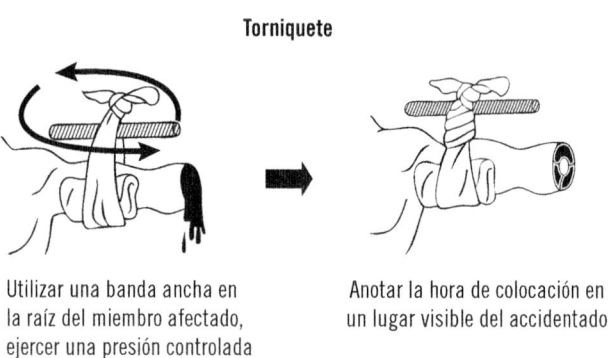

Utilizar una banda ancha en la raíz del miembro afectado, ejercer una presión controlada

Anotar la hora de colocación en un lugar visible del accidentado

 Sabía que...

Un torniquete se puede colocar fuera del hospital, pero nunca debe quitarse fuera del mismo. Además, hay que anotar la hora exacta en la que se realizó.

Hemorragia interna

Poco se puede hacer por intentar detener una hemorragia interna. Por ello, las pautas de actuación son las siguientes:

▪ Acostar al accidentado, colocándolo en posición lateral de seguridad, por si se producen vómitos.
▪ Elevar las piernas.
▪ Realizar traslado urgente.

Hemorragias exteriorizadas

Las dos salidas naturales más frecuentes son la nariz (epitaxis) y el oído (otorragía). El modo de actuación en cada uno de estos casos se expone a continuación.

Epitaxis

▪ Colocar a la persona sentada con la cabeza inclinada hacia delante.
▪ Comprimir con dos dedos las fosas nasales durante un par de minutos y levantar la compresión para comprobar si la hemorragia ha cesado. Si no ha cesado, volver a comprimir otros cinco minutos.
▪ Cuando la hemorragia no cesa, hacer taponamiento con una gasa enrollada, mojada en vaselina o agua oxigenada, que se introduce en la nariz, y trasladar al herido al centro hospitalario.

Otorragia

Suele producirse cuando se ha sufrido un traumatismo en la cabeza y es un signo de enorme gravedad, pues puede deberse a una fractura en la base del cráneo.

En este caso hay que:

▪ Situar a la persona tumbada del lado que se produce la hemorragia.
▪ Colocar una gasa para que empape.

Importante

En este caso, el traslado al hospital solo puede hacerse por personal especializado.

5.4. Transporte de heridos

En ocasiones, resulta imprescindible la manipulación y transporte de un accidentado.

Para evitar complicaciones, solo un socorrista experimentado debe realizarlo, según las siguientes pautas, que garantizan el éxito de la maniobra:

- Iniciarla solo cuando el accidentado está estabilizado.
- Nunca retirar al accidentado del lugar del suceso hasta que no existan medios adecuados para hacerlo.
- Hacerlo de forma urgente en los supuestos de riesgo grave de incendio o explosión.
- Considerar al accidentado como un eje rígido, manteniendo inmovilizado y en su correcta alineación, cabeza-tronco-extremidades, evitando cualquier torsión o flexión de la columna vertebral.

Recuerde

Antes de movilizar al accidentado, se debe considerar la posibilidad de que existan fracturas en la columna vertebral que puedan dañar la médula espinal, con las consecuencias irreparables que ello puede producir.

Existen diferentes formas de realizar un traslado, en función del número de personas que lo realicen:

Un solo socorrista

La manera más adecuada consiste en arrastrarlo, cogiéndolo de las axilas o de los pies, teniendo siempre en cuenta el tipo de lesión y tratando de no afectar su eje central.

Varios socorristas (de 3 a 5)

El traslado se puede realizar de diferentes maneras:

Método de cuchara

Serán necesarios un mínimo de 3 socorristas que, posicionados de rodillas a un lado del accidentado, han de elevar a la víctima como si de una única persona se tratase, respetando el eje del accidentado. El primer socorrista colocará un brazo bajo la cabeza y otro bajo los hombros, el segundo socorrista bajo la cintura y nalgas, el tercer socorrista bajo las rodillas y tobillos.

Método de cuchara

Método del puente holandés

Serán necesarios de 4 a 5 socorristas. 3 de ellos, posicionados en puente sobre la víctima, han de pasar los brazos bajo ella. El primer socorrista bajo los hombros, el segundo bajo el tronco y el tercer socorrista bajo las piernas. Han de elevar a la víctima en un solo movimiento coordinado, respetando el eje del accidentado. El cuarto socorrista sostiene la cabeza de la víctima e introduce la camilla bajo el accidentado, coordinando la bajada para apoyarle sobre la camilla.

Método del puente holandés

Recuerde

Para evitar complicaciones, solo un socorrista experimentado debe realizar la maniobra de traslado.

Por último, hay que saber respecto al socorrismo que todos los ciudadanos tienen el deber de socorrer a aquella persona que se encuentre en una situación de peligro. La omisión de dicho deber es un delito tipificado en el Código Penal, según su artículo 195:

1. El que no socorriere a una persona que se halle desamparada y en peligro manifiesto y grave, cuando pudiere hacerlo sin riesgo propio ni de terceros, será castigado con la pena de multa de tres a doce meses.

2. En las mismas penas incurrirá el que, impedido de prestar socorro, no demande con urgencia auxilio ajeno.

3. Si la víctima lo fuere por accidente ocasionado fortuitamente por el que omitió el auxilio, la pena será de prisión de 6 a 18 meses, y si el accidente se debiere a imprudencia, la de prisión de 6 meses a 4 años.

6. Situaciones de emergencia

Las emergencias hasta ahora planteadas no implican a muchas personas, en el peor de los casos afectan al accidentado, a la persona o personas que prestan los primeros auxilios y al personal sanitario. Sin embargo, hay otras emergencias que tienen un impacto mayor sobre el conjunto de los trabajadores e incluso sobre la población: son las originadas por incendios, escapes de gases, fenómenos naturales, etcétera.

En cualquier caso, al estudiar las situaciones de emergencia que se pueden producir en un centro de trabajo, se ha de conocer la secuencia de acciones que se han de desarrollar para controlar dichas situaciones, así como los medios humanos y materiales con los que se cuenta, siendo el titular de la actividad el obligado a organizarlos.

 Importante

Se han de identificar las funciones que las personas y equipos han de llevar a cabo, los procedimientos de actuación en caso de emergencia y los responsables de la puesta en marcha del Plan de actuación ante emergencias.

En general, las emergencias requerirán la intervención de personas y medios para garantizar en todo momento:

- Detección y alerta.
- Actuación ante las emergencias.
- Evacuación y/o confinamiento.
- Prestación de las primeras ayudas.
- Recepción de las ayudas externas.

Por último, resulta evidente que, si se produjera una emergencia en el centro de trabajo, se han de investigar las causas que posibilitaron su origen y consecuencias, así como el comportamiento de las personas y los equipos de emergencia. El objeto es adoptar las medidas correctoras oportunas que eviten la repetición del suceso.

6.1. Clasificación de las emergencias

Las emergencias se clasifican en función de las dificultades existentes para su control y sus posibles consecuencias en:

Conato de emergencia

Es el accidente que puede ser controlado y dominado de forma sencilla y rápida por el personal y medios de protección del centro de trabajo. Sus consecuencias son prácticamente inapreciables, no es necesaria la evacuación del centro y la recuperación de la actividad normal es inmediata.

Emergencia parcial

Es el accidente que para ser dominado requiere la actuación de los equipos especiales de emergencia de la empresa o centro de trabajo. Los efectos de la emergencia parcial quedarán limitados a una parte del edificio y no afectarán a otras partes colindantes, ni a terceras personas.

Nota

En este caso, puede ser necesaria la evacuación parcial hacia otros sectores. El personal evacuado se reunirá en el punto de seguridad establecido.

Emergencia general

Es el accidente que precisa de la actuación de todos los equipos y medios de protección del centro y la ayuda de medios de socorro y salvamento exteriores. La emergencia general comportará la evacuación de las personas de determinados sectores o la evacuación total. Todo el personal se reunirá en el punto de seguridad o concentración.

6.2. Simulacros de emergencia

La base de la eficaz actuación ante una emergencia está en la organización y preparación. Para ello, es conveniente que todas las personas del centro tengan la formación e información necesaria para llevar a cabo las tareas que se precisen. En esta línea, la importancia de los simulacros es vital, ya que pretenden crear en los trabajadores los hábitos necesarios para que la actuación en caso de emergencia se vea afectada lo menos posible por el nerviosismo y la tensión que estas situaciones provocan. Cada simulacro, al igual que cada emergencia, tiene sus particularidades y esto es lo que se pretende ilustrar con la siguiente aplicación práctica, que está basada en un simulacro real.

Aplicación práctica

Se desea realizar un simulacro de evacuación en un establecimiento comercial y, para que sea lo más real posible, se pretende implicar en él a los clientes. Uno de los objetivos es evaluar la reacción de los trabajadores cuando hay que comunicar al cliente que debe desalojar el establecimiento.

¿Cómo podría plantearse este simulacro? ¿Qué información daría a los trabajadores y a los clientes? ¿Cómo podrían solucionarse las dificultades específicas que surgen al tratarse de un establecimiento comercial?

SOLUCIÓN

Lo primero es informar y formar a todos los trabajadores acerca de cómo actuar en caso de evacuación. A aquellos que desempeñen alguna función específica se les dará una formación adicional. Esto debe hacerse aunque no esté previsto ningún simulacro.

Para preparar el simulacro, hay que decidir qué emergencia se va a simular. En este caso concreto, debe ser una que exija la evacuación total, por ejemplo un incendio en el cuadro general eléctrico.

Para informar a los clientes, se puede repartir un folleto a la entrada y, además, deben colocarse carteles que llamen su atención sobre el tema.

Comenzado el simulacro, se avisa por megafonía de la emergencia. Los trabajadores informan a los clientes que deben evacuar, por dónde deben hacerlo y hacia dónde, para que puedan llegar en perfectas condiciones al punto de reunión. Los trabajadores que forman parte del equipo de primera intervención se desplazan al lugar del siniestro para sofocar el incendio.

Obviamente, el principal problema particular que presenta el simulacro es que la gente que está comprando debe salir simulando una evacuación y todo el mundo sabe que en las evacuaciones no se pasa por caja. Pues bien, para soslayar este problema, se pueden realizar tres actuaciones, siendo lo ideal hacer las tres a la vez.

En primer lugar, desplazar al personal de seguridad a las salidas, simultáneamente, dejar cajas en funcionamiento, de forma que no se obligue a los clientes a participar en el simulacro. Por último, todo el proceso de evacuación se puede controlar por el circuito cerrado de televisión.

7. Planes de emergencia y evacuación

Con la aprobación de la Norma básica de autoprotección (NBA), los titulares de ciertas actividades están obligados a organizar los recursos materiales y humanos necesarios para controlar de forma eficaz las situaciones de emergencia que se puedan producir y poder garantizar la seguridad y salud, tanto de los trabajadores, como de la población. Esta organización ha de recogerse en un documento que se denomina Plan de autoprotección.

La NBA es de aplicación obligatoria para las actividades que se incluyen en su Anexo I.

Esta obligación será:

■ Total, debiendo cumplir con todo lo establecido en la NBA, para aquellas actividades incluidas en el punto 2 del Anexo I.
■ Supletoria, para las actividades que cuenten con una normativa sectorial específica y que aparecen enumeradas en el punto 1 del Anexo I.

 Nota

Las empresas que no se encuentren dentro del ámbito de aplicación de la Norma básica de autoprotección, deberán cumplir como mínimo con las exigencias del artículo 20 de la LPRL.

7.1. Contenido mínimo del plan

El Plan de autoprotección ha de ser elaborado por un técnico competente y debe ser suscrito por el titular de la actividad y es un documento único estructurado en 9 capítulos:

- Capítulo 1. Identificación de los titulares y del emplazamiento de la actividad. En él se incluyen datos de la empresa como razón social, la ubicación de esta, teléfono, fax, etcétera.
- Capítulo 2. Descripción detallada de la actividad y del medio físico en el que se desarrolla. Se trata de resumir brevemente las actividades que desarrolla, el entorno en que se encuentra, las vías de acceso, etcétera.
- Capítulo 3. Inventario, análisis y evaluación de riesgos. Debe incluir todos los riesgos que puedan provocar situaciones de emergencia, su análisis y evaluación.
- Capítulo 4. Inventario y descripción de las medidas y medios de autoprotección. Se recogerán los equipos humanos y materiales necesarios para afrontar una situación de emergencia.
- Capítulo 5. Programa de mantenimiento de instalaciones. Reflejará las operaciones de mantenimiento e inspección que se requieran realizar.
- Capítulo 6. Plan de actuación ante emergencias. Es el documento en el que se organiza la secuenciación de actuaciones a seguir, así como las medidas de protección e intervención a adoptar cuando se produzca una situación de emergencia.
- Capítulo 7. Integración del Plan de autoprotección en otros de ámbito superior. Debe determinarse y documentarse la forma de comunicación, colaboración e integración en los otros planes de autoprotección en que se integren.
- Capítulo 8. Implantación del Plan de autoprotección. Contiene los planes de formación e información que son necesarios para la efectiva integración del plan, así como los datos identificativos del responsable.
- Capítulo 9. Mantenimiento de la eficacia y actualización del Plan de autoprotección. El plan ha de someterse a auditorías, ha de ser revisada la información contenida, así como reciclar los programas de formación y verificar su efectividad mediante simulacros para garantizar la eficacia.

- Anexos:

  - Anexo I. Directorio de comunicación.
  - Anexo II. Formularios para la gestión de emergencias.
  - Anexo III. Planos.

Consejo

Es conveniente incluir los planos correspondientes.

Una vez elaborado el plan, el titular de la actividad está obligado además, según la NBA, a informar sobre los datos más relevantes para la protección civil. Esta documentación deberá incluir como mínimo la siguiente información: datos de la actividad, nombre del establecimiento, del titular, del centro de trabajo y las instalaciones, número de ocupantes, número de trabajadores, entorno, accesos, focos de peligro y dotación de los medios necesarios, así como los planos relacionados con dicha información.

Nota

Toda esta documentación se remitirá al órgano que se designe como encargado de su registro por parte de las Comunidades Autónomas o, en el caso de actividades con normativa sectorial específica, al que establezca dicha normativa.

---

8. Información de apoyo para la actuación de emergencias

A parte de la formación que se ha de organizar para que los trabajadores conozcan el Plan de autoprotección y sepan cómo actuar en caso de emergencia, es conveniente que exista una información que, de forma permanente, apoye la actuación en caso de emergencia. Es apropiado que esté disponible y los trabajadores sepan dónde encontrar el listado de las personas que tienen responsabilidad en caso de emergencia y la forma de localizarlas, lo que normalmente se hace telefónicamente. También es adecuado que se realicen carteles que se distribuyan por el lugar de trabajo en los que se indiquen los recorridos de evacuación y las instrucciones básicas a seguir en caso de emergencia. A continuación, se presentan algunos ejemplos.

El directorio telefónico del personal de emergencia ha de estar organizado en el orden en que han de realizarse las llamadas y debe indicar al menos:

Puesto	Nombre	Teléfono
Jefe de emergencias		
Jefe primera intervención		
Jefe segunda intervención		
Equipo alarma evacuación		
Equipo primeros auxilios		

Los teléfonos de interés para demandar ayuda exterior son los siguientes, aunque ha de tenerse presente que, en la mayoría de los casos, es suficiente la llamada al 112, el primer teléfono de la lista, ya que, según el sitio web <http://www.112.es>, está establecido en casos de urgente necesidad para:

La asistencia de los servicios públicos que se requieran en servicio de urgencia sanitaria, de extinción de incendios y salvamento, de seguridad ciudadana y de Protección Civil, cualquiera que sea la Administración pública de la que dependan.

Emergencias	112
Bomberos	180
Polocía local	092
Policía nacional	091
Emergencias sanitarias	061
Guardia civil	062
Centros sanitarios	9--------
Servicio local protección civil	9--------

 **Nota**

La llamada al 112 es gratuita.

Por otro lado, la forma de transmitir información a los trabajadores y a los usuarios y visitantes de las instalaciones, de forma permanente, es por medio de carteles.

Durante la confección del plan, se diseñarán carteles con sus correspondientes consignas o instrucciones.

Los carteles estarán destinados, entre otras funciones, a:

- Facilitar la memorización de las actuaciones en caso de emergencia.
- Aprender a dominar los conatos de incendio.
- Recordar el uso de equipos de extinción.
- Dar instrucciones y prohibiciones para las evacuaciones.
- Informar de las normas de prevención.

Los carteles varían de tamaño y de ubicación, dependiendo de las personas a quienes van destinados.

 Nota

No existe límite de carteles y cada establecimiento deberá hacer los que considere convenientes y necesarios, sin olvidar que el abuso de los carteles disminuye su eficacia.

Todos ellos deben tener:

- Lenguaje claro.
- Instrucciones precisas.

Debido a su importancia, se reflejan a continuación las instrucciones más frecuentes en caso de evacuación:

- Mantener la calma.
- Comenzar la evacuación cuando se dé la señal de emergencia.
- Obedecer instrucciones del equipo de alarma y evacuación y de los coordinadores.
- Evacuar la zona en orden.
- Realizar la evacuación en silencio.
- Si la vía de evacuación está inundada de humo, sellar el acceso y esperar las ayudas exteriores.
- Si al sonar la señal de evacuación no se está en el lugar habitual, se deberá unir al primer grupo que se vea y dar cuenta de esa circunstancia en el punto de reunión.
- Señalizar que la zona está vacía.
- Ayudar en lo que sea posible.
- Trasportar a los impedidos.
- Dirigir y ayudar con especial atención a los discapacitados.
- Comunicar a los equipos de alarma y evacuación las incidencias observadas.
- Parar y desconectar las máquinas que se estén utilizando.

Por otro lado, las prohibiciones durante la evacuación son:

- Separarse del grupo evacuado.
- Llevarse bultos o similar del lugar evacuado.
- Detenerse.
- Correr.
- Empujar, atropellar.
- Retroceder por algo o por alguien.
- Utilizar ascensores.
- Abandonar el punto de reunión antes de que se ordene.

9. Resumen

En la empresa pueden ocurrir accidentes cuya gravedad ponga en peligro la vida de los trabajadores. El hecho de que las personas implicadas puedan actuar de manera imprevisible entraña un mayor riesgo. Para evitar que esto ocurra, la LPRL obliga al empresario a analizar las posibles situaciones de emergencia y organizar las medidas necesarias en materia de primeros auxilios, lucha contra incendios y evacuación.

Cualquier tipo de accidente puede dar origen a una situación de emergencia, debiéndose entender por tal cualquier situación de peligro o desastre que requiere la intervención inmediata de terceros para poner a salvo la vida de las personas implicadas.

Si un accidente llega a producir una lesión, los pasos a seguir por las personas que prestan ayuda en una primera intervención son: proteger, avisar y socorrer (PAS). La evolución de las lesiones va a depender, en gran parte, de la rapidez y la calidad de los primeros auxilios prestados. Resulta muy conveniente, por tanto, que todos conozcan las pautas de actuación.

Es improbable que haya personal sanitario especializado en el centro de trabajo. Lo lógico será que los primeros auxilios tengan que ser prestados por algún trabajador. Por ello, el empresario está obligado a designar y dar la formación necesaria al personal que ponga en marcha dichas medidas.

Todas las empresas deben disponer como mínimo de un Plan de actuación de emergencias (artículo 20 de la LPRL) y solo aquellas a las que le es de aplicación la Norma básica de autoprotección han de disponer de un Plan de autoprotección, documento único realizado por un técnico competente y suscrito por el empresario que ha de responder a las preguntas qué hacer, cuándo, cómo, dónde y quién debe hacer cada actuación del plan.

Ejercicios de repaso y autoevaluación

1. **Un hombre, trabajador de la construcción, sufre un accidente laboral, al levantar del suelo una pesada losa de mármol, lo que le produce un esguince lumbar. ¿De qué tipo de accidente se trata en función de la forma?**

   a. 71: Sobresfuerzo físico sobre el sistema musculoesquelético.
   b. 72: Exposición a radiaciones, ruido, luz o presión.
   c. 73: Trauma psíquico.
   d. 79: Otro contacto conocido del grupo 7 no mencionado anteriormente.

2. **En la evaluación primaria de un accidentado se debe...**

   a. ... examinar, avisar y proteger (EAP).
   b. ... avisar, tranquilizar y beber (ATB).
   c. ... proteger, avisar y socorrer (PAS).
   d. ... señalizar, avisar y proteger (SAP).

3. **¿Qué empresas han de disponer obligatoriamente de locales de primeros auxilios?**

   a. Empresas con más de 100 trabajadores o más de 50 cuando lo determine la autoridad laboral.
   b. Empresas con más de 250 trabajadores o más de 100 cuando lo determine la autoridad laboral.
   c. Empresas con más de 25 trabajadores o más de 5 cuando lo determine la autoridad laboral.
   d. Empresas con más de 50 trabajadores o más de 25 cuando lo determine la autoridad laboral.

4. **¿Qué infracción comete el empresario por no analizar las situaciones de emergencia y adoptar las medidas necesarias en primeros auxilios?**

   a. Infracción leve.
   b. Infracción grave.
   c. Infracción muy grave.
   d. No comete infracción.

5. ¿Qué tipo de quemadura produce el contacto con un ácido?

    a. Termal.
    b. Química.
    c. Eléctrica.
    d. Radiaciones.

6. En las maniobras de RCP, el ritmo de ventilaciones y compresiones ha de realizase a razón de...

    a. ... 10 compresiones, 1 insuflación.
    b. ... 15 compresiones, 3 insuflaciones.
    c. ... 30 compresiones, 2 insuflaciones.
    d. ... 30 compresiones, 3 insuflaciones.

7. El accidente que puede ser controlado y dominado de forma sencilla y rápida por el personal y medios de protección del centro de trabajo se denomina...

    a. ... conato de emergencia.
    b. ... emergencia parcial.
    c. ... emergencia general.
    d. ... urgencia.

8. ¿Qué empresas deben disponer obligatoriamente de un Plan de autoprotección?

    a. Todas las empresas a tenor de lo dispuesto en el artículo 20 de la LPRL.
    b. Todas las empresas a las que le sea de aplicación la Norma básica de autoprotección.
    c. Todas las empresas con más de 25 trabajadores.
    d. No es un documento obligatorio.

9. La manera de transmitir información a los trabajadores y a los usuarios y visitantes de las instalaciones, de forma permanente, es por medio de...

    a. ... señal acústica.
    b. ... discursos.
    c. ... carteles.
    d. ... octavillas.

10. Una máxima al prestar primeros auxilios es:

    a. Hacer solo lo indispensable.
    b. Hacer todo lo evitable.
    c. Hacer solo lo innecesario.
    d. Hacer solo lo excusable.

Capítulo 4

Prevención laboral y medioambiental en instalaciones de climatización y ventilación-extracción

Contenido

1. Introducción

Los dos factores que determinan fundamentalmente la competitividad, tanto de una empresa dedicada a las instalaciones de climatización y ventilación-extracción como de cualquier empresa, son la calidad del producto y el precio del mismo. Resulta evidente que, cuando se va a adquirir un bien o un servicio, no es solo el precio el que determina su compra, la calidad también influye.

Estos dos factores determinarán que esa empresa esté bien posicionada en el mercado o no, pero ambos tienen diversas ramificaciones. La imagen de la empresa o la productividad de la misma influyen decisivamente en uno y otro.

En este capítulo, se tratará específicamente la gestión de los riesgos laborales y medioambientales en las instalaciones de climatización y ventilación-extracción y es preciso aclarar, desde el comienzo, que una buena gestión repercutirá positivamente en la imagen de la empresa y en la productividad. En la primera, porque los clientes valoran que las empresas respeten el medioambiente y velen por la seguridad de sus trabajadores y castigan, en mayor medida, a las que no lo hacen. En la productividad, porque dar el mismo servicio consumiendo menos recursos es mejorarla.

2. Normativa de prevención de riesgos laborales en el montaje y mantenimiento de instalaciones de climatización y ventilación-extracción

Los riesgos a los que se encuentra expuesto un trabajador dedicado al montaje y mantenimiento de este tipo de instalaciones son, entre otros:

- Electrocución, en el conexionado y trabajo en cuadros eléctricos.
- Caídas de altura, desde escaleras, andamios, plataformas, azoteas.
- Golpes por caídas de objetos, por estar bajo zona de trabajos.
- Quemaduras producidas por los trabajos de soldadura.
- Lesiones dorsolumbares por posturas o manipulación de cargas.

Por ello, el sector de instalaciones de climatización y ventilación-extracción se encuentra afectado por una amplia normativa en materia de prevención de riesgos laborales. No se pretende en este epígrafe mencionar toda y mucho menos explicarla en profundidad, pero sí es interesante conocer la que tiene mayor incidencia en los trabajos de este tipo de instalaciones y, sobre todo, dos reales decretos fundamentales:

- Real Decreto 171/2004, que desarrolla el artículo 24 de la LPRL en materia de coordinación de actividades empresariales.
- Real Decreto 1627/1997 sobre disposiciones mínimas de seguridad y salud en las obras de construcción.

En un simple análisis, se observa que los lugares donde se realizan los trabajos de montaje y mantenimiento son edificios de oficinas, viviendas, establecimientos industriales, garajes, etcétera.

 Nota

Casi la totalidad de los trabajos transcurren fuera del centro de trabajo habitual o domicilio social de la empresa, debiendo ser considerados como nuevos centros de trabajo.

El Real Decreto 171/2004 define el concepto de centro de trabajo como: "cualquier área, edificada o no, en la que los trabajadores deban permanecer o a la que deban acceder por razón de su trabajo".

Es importante, por tanto, que se recabe del titular de los centros de trabajo en los que se desarrollan las tareas de montaje y mantenimiento la información relevante sobre los riesgos existentes en ellos y las medidas preventivas previstas.

Además, en muchos de estos edificios coincidirán los trabajos de montaje de instalaciones de climatización con la construcción del edificio, lo que determina la aplicación a estos trabajos del Real Decreto 1627/1997.

Para llevar a cabo el estudio de la normativa de seguridad aplicable, es conveniente distinguir dos bloques diferenciados: una normativa de mayor contenido técnico y específica de instalaciones de climatización y ventilación y otra de carácter más general y aplicable a otras actividades, siendo ambas de obligado cumplimiento.

2.1. Normativa específica

En cuanto la normativa técnica, ha de destacarse el Real Decreto 1027/2007, de 20 de julio, por el que se aprueba el Reglamento de Instalaciones Térmicas en los Edificios (RITE). Este es una medida de desarrollo del Plan de acción de la estrategia de ahorro y eficiencia energética en España, con el que se pretende contribuir a alcanzar los objetivos establecidos por el Plan de fomento de las energías renovables, promoviendo una mayor utilización de la energía solar térmica, sobre todo en la producción de agua caliente sanitaria.

El reglamento constituye el marco normativo básico en el que se regulan las exigencias de eficiencia energética y de seguridad que deben cumplir las instalaciones térmicas en los edificios para atender la demanda de bienestar e higiene de las personas.

Las medidas que se recogen en este reglamento tienen una clara dimensión ambiental. Por un lado, contribuyen a la mejora de la calidad del aire en las ciudades y, por otro, añaden elementos en la lucha contra el cambio climático.

En el primer caso, se tiene en cuenta que los productos de la combustión son críticos para la salud y el entorno de los ciudadanos. Por eso, ahora se prevé la obligatoriedad de la evacuación por cubierta de esos productos en todos los edificios de nueva construcción.

También se fomenta la instalación de calderas que permitan reducir las emisiones de óxidos de nitrógeno (NOx) y otros contaminantes, lo que supone una mejora en la calidad del aire de las ciudades. Además, la contribución a la reducción de NOx debe facilitar el cumplimiento de compromisos ratificados por España, tanto internacionales (especialmente el Convenio de Ginebra sobre la contaminación transfronteriza a larga distancia) como comunitarios (en particular, la Directiva de techos nacionales de emisión).

 **Nota**

Más adelante se estudiarán las exigencias del RITE específicamente relacionadas con el montaje y mantenimiento de las instalaciones de climatización y ventilación-extracción.

2.2. Normativa no específica

Hasta aquí se ha analizado la normativa técnica y de seguridad industrial que es de aplicación a este tipo de instalaciones. Pero, a la hora de ejecutar los trabajos de instalación, montaje o mantenimiento, existe una especial exposición a diversos riesgos que no surgen de la parte térmica de la instalación.

Riesgo eléctrico

Es el caso del riesgo eléctrico presente tanto en la puesta en marcha de los equipos, como en las fases posteriores de mantenimiento. Para evitar las posibles lesiones que se pueden sufrir como consecuencia de la materialización del riesgo eléctrico, los trabajadores han de cumplir con lo dispuesto en el Real Decreto 614/2001, de 8 de junio, sobre disposiciones mínimas para la protección de la salud y seguridad de los trabajadores frente al riesgo eléctrico.

No es preciso incidir mucho, puesto que este riesgo ya ha sido analizado, pero es conveniente recordar que los equipos de climatización son máquinas cuya fuente de energía es la eléctrica que produce el accionamiento de elementos mecánicos (bombas, compresores, válvulas, etcétera) que, habitualmente y por el diseño actual de los equipos, suelen estar en bloques compactos.

Recuerde

La electricidad se encuentra tanto en los cuadros de protección y mando como en las instalaciones de cableado y conexionado a las máquinas.

Riesgos asociados a los trabajos en altura

Por otro lado, como en todo trabajo de instalación, montaje o mantenimiento, los trabajadores, en multitud de ocasiones, se encuentran operando en altura.

Trabajo en altura

Sobre los riesgos de los trabajos en altura, existe una normativa específica de prevención de riesgos laborales que han de cumplir los trabajadores de las empresas instaladoras de climatización y ventilación. Se trata del Real Decreto 2177/2004, sobre disposiciones mínimas de seguridad y de salud para la utilización por los trabajadores de los equipos de trabajo, en materia de trabajos temporales en altura.

 **Nota**

A través de este real decreto, se produce la trasposición de la Directiva 2001/45/CE y, además, se incorporan al derecho español las aplicaciones prácticas y modificaciones de normativa existente (Real Decreto 1215/1997, Real Decreto 1627/1997 y Real Decreto 486/1997), principalmente respecto a las escaleras de mano, andamios y trabajos verticales.

Escaleras de mano

Equipo de trabajo portátil que consiste en dos piezas paralelas o ligeramente convergentes, unidas a intervalos por travesaños y que sirve para subir o bajar una persona de un nivel a otro.

Pie de escalera

Las modificaciones que introduce el Real Decreto 2177/2004 sobre las escaleras de mano son:

■ Se precisará de unos puntos de apoyo y sujeción regulables, de forma que los travesaños queden horizontales y se impida el deslizamiento.
■ Las escaleras suspendidas se fijarán de modo que no puedan desplazarse.

- Las escaleras con ruedas se inmovilizarán.
- El transporte manual de cargas no impedirá que el trabajador no posea una sujeción segura.

Andamio

Elemento provisional, fijo o móvil, auxiliar para la ejecución de obras, que hace accesible una parte de la construcción que no lo es, facilitando la conducción de materiales y/o personas al punto mismo de trabajo.

Andamio

Tipos de andamios:

- Andamios de caballete: andamio de borriqueta.
- Andamios perimetrales fijos: andamios tubulares.
- Torres de trabajo móviles: andamios tubulares móviles.
- Plataformas temporales suspendidas: andamios colgados.
- Plataformas de trabajo sobre mástil: andamios de cremallera.

Las disposiciones de seguridad específicas relativas a la utilización de los andamios son:

■ Los andamios deberán proyectarse, montarse y mantenerse convenientemente, de manera que se evite que se desplomen o se desplacen accidentalmente.

■ En función de la complejidad del andamio elegido, deberá elaborarse un plan de montaje, de utilización y de desmontaje, que deberá realizar una persona con formación universitaria que la habilite para la realización de estas actividades.

■ Los elementos de apoyo de un andamio deberán estar protegidos contra el riesgo de deslizamiento, ya sea mediante sujeción en la superficie de apoyo, ya sea mediante un dispositivo antideslizante, o bien mediante cualquier otra solución de eficacia equivalente, y la superficie portante deberá tener una capacidad suficiente. Se deberá garantizar la estabilidad del andamio.

■ Las dimensiones, la forma y la disposición de las plataformas de un andamio deberán ser apropiadas para el tipo de trabajo que se va a realizar, ser adecuadas a las cargas que hayan de soportar y permitir que se trabaje y circule en ellas con seguridad. Las plataformas de los andamios se montarán de tal forma que sus componentes no se desplacen en una utilización normal de ellos.

■ Cuando algunas partes de un andamio no estén listas para su utilización, en particular durante el montaje, el desmontaje o las transformaciones, dichas partes deberán contar con señales de advertencia de peligro general, con arreglo al Real Decreto 485/1997, de 14 de abril, sobre señalización de seguridad y salud en el centro de trabajo, y delimitadas mediante elementos físicos que impidan el acceso a la zona de peligro.

■ Los andamios solo podrán ser montados, desmontados o modificados sustancialmente bajo la dirección de una persona con una formación universitaria o profesional que la habilite para ello y por trabajadores que hayan recibido una formación adecuada y específica para las operaciones previstas, que les permita enfrentarse a riesgos específicos.

■ Los andamios deberán ser inspeccionados por una persona con una formación universitaria o profesional que la habilite para ello.

Importante

Las plataformas de trabajo, las pasarelas y las escaleras de los andamios deberán construirse, dimensionarse, protegerse y utilizarse de forma que se evite que las personas caigan o estén expuestas a caídas de objetos.

Nota

No deberá existir ningún vacío peligroso entre los componentes de las plataformas y los dispositivos verticales de protección colectiva contra caídas.

Trabajos verticales

Trabajos verticales son aquellos que, empleando un sistema industrial o bien mediante técnicas alpinistas, se realizan en edificios, lugares de difícil acceso (chimeneas, antenas, estructuras), subsuelos, etcétera.

Trabajo vertical (© Fotografía: elbud / Shutterstock.com)

El Real Decreto 2177/2004 es la primera normativa que habla de forma específica sobre los trabajos verticales y las técnicas de acceso y posicionamiento mediante cuerdas. Establece unos requisitos mínimos en términos de seguridad y salud, de los que cabe destacar:

■ Obligación de usar 2 cuerdas, como mínimo, con sujeción independiente (una de trabajo y otra de seguridad).
■ Se facilitarán arneses a los trabajadores, conectados a la cuerda de seguridad.
■ La cuerda de trabajo dispondrá de mecanismos de ascenso y descenso, así como un sistema de bloqueo automático. La cuerda de seguridad dispondrá de un dispositivo móvil contra caídas.
■ Las herramientas y accesorios deben estar sujetos al arnés, al asiento del trabajador o a otros medios adecuados.
■ Deberán preverse medidas para socorrer al trabajador en caso de emergencia.

 Nota

En circunstancias excepcionales, se permitirá el uso de una única cuerda.

Los trabajadores que realicen estas tareas deberán recibir formación adecuada y específica. El contenido de esta formación ha de ser sobre:

■ Técnicas de progresión mediante cuerdas y estructuras.
■ Sistemas de sujeción y anticaídas.
■ Uso y mantenimiento del material de trabajo y de seguridad.
■ Técnicas de salvamento.
■ Medidas de seguridad ante condiciones meteorológicas adversas.
■ Manipulación de cargas en altura.

Riesgos de exposición al amianto

Por último, en los trabajos de mantenimiento en instalaciones antiguas, existe una alta probabilidad de encontrar en los conductos, como material aislante, amianto o asbesto.

Todas las variedades de amianto se caracterizan por su incombustibilidad, un buen aislamiento térmico y acústico y su resistencia a altas temperaturas, al paso de la electricidad, a la abrasión y a los microorganismos. Estas propiedades han hecho del amianto un elemento muy útil en la industria de la construcción.

 Sabía que...

El riesgo por exposición a fibras de amianto o asbesto en los conductos de aire puede resultar muy alto en aquellos edificios que cuentan con sistemas de climatización y ventilación construidos entre los años 1965 y 1985, época en la que este material fue muy utilizado.

El riesgo que tienen para la salud los materiales con contenido de fibras de amianto radica en la posibilidad de que sus fibras sean inhaladas lo que depende de dos factores:

- La cantidad y la composición de la fibra.
- La friabilidad del material, que se define como la capacidad que tiene de desprender fibras como respuesta a la simple presión que se ejerza con la mano.

Nota

La friabilidad variará dependiendo del tipo de mezcla con otros compuestos, el estado de conservación del material, las características de la protección física, el grado de exposición a la circulación del aire y el grado de exposición a choques y a vibraciones.

Si bien el amianto en la actualidad es una sustancia prohibida por su alta toxicidad, es muy fácil encontrarla en cualquier edificio con más de 25 años de construcción.

Con el fin de evitar los riesgos a los que se pueden ver expuestos los trabajadores, se aprobó el Real Decreto 396/2006, de 31 de marzo, por el que se establecen las disposiciones mínimas de seguridad y salud aplicables a los trabajos con riesgo de exposición al amianto.

Atendiendo a lo dispuesto en este real decreto, para que una empresa de instalaciones de climatización y ventilación pueda realizar trabajos en un edificio en cuya instalación existen fibras de amianto, deberá estar inscrita obligatoriamente en el Registro de empresas con riesgos de amianto.

Aplicación práctica

Sergio trabaja como técnico en instalaciones de climatización desde hace 8 años. La empresa ha sido subcontratada para realizar la instalación en un edificio de oficinas que se está construyendo en el centro de la cuidad.

Su jefe confía plenamente en la profesionalidad de Sergio y decide asignarle como responsable junto a 3 compañeros más la ejecución de dicha instalación. Tras comunicárselo, prepara una carpeta con toda la documentación que le ha requerido la contrata principal y que han de entregar en la oficina de obras, antes de comenzar los trabajos, en cumplimiento con lo dispuesto en materia de coordinación de actividades empresariales.

Continúa en página siguiente >>

<< Viene de página anterior

Al llegar el lunes a la obra, Sergio comenta con sus compañeros que parece que existe un poco de caos, ya que hay 3 subcontratas distintas trabajando a la vez.

Rápido se ponen manos a la obra. Al descargar el material y las herramientas, para comenzar el trabajo, se dan cuenta de que han olvidado cargar la escalera de mano en la furgoneta. Sergio les dice que no se preocupen y pide una prestada a otra de las empresas que allí trabajan. Le facilitan una que habían dejado en desuso, con ruedas y cuyo sistema de inmovilización está roto. Piensan que, mientras uno sube, otro compañero sostendrá la escalera para evitar que se desplace y así harán el apaño esa mañana.

El edificio es muy alto y, mientras trabajan, observan como otros operarios se deslizan por la fachada mediante cuerdas, realizando trabajos verticales.

En unas semanas la instalación de conductos está lista. Ahora deben montar las máquinas de climatización y ventilación-extracción.

¿Cuál es la normativa de prevención de riesgos laborales con la que han de cumplir Sergio y sus compañeros al realizar los trabajos encomendados?

SOLUCIÓN

En primer lugar, tanto Sergio como sus compañeros han de estar previamente formados e informados de los riesgos presentes en este tipo de trabajos y de las medidas de seguridad a adoptar.

Como la instalación se va a realizar en una obra en construcción, la empresa ha de cumplir con lo dispuesto en los Reales Decretos 171/2004 y 1627/1997.

Respecto a la escalera de mano que otra empresa le ha prestado a Sergio y con la que deciden trabajar el primer día, no cumple con las medidas de seguridad establecidas en el Real Decreto 2177/2004, ya que no permite la inmovilización de las ruedas.

El Real Decreto 2177/2004 también será de aplicación a los trabajadores que se encuentran realizando trabajos verticales, esta normativa habla de forma específica sobre estos trabajos y las técnicas de acceso y posicionamiento mediante cuerdas.

Por último, Sergio y sus compañeros deben ser conscientes de que en el montaje de las máquinas existe una especial exposición al riesgo eléctrico, tanto en la puesta en marcha de los equipos como en las fases posteriores de mantenimiento. Además, deben prestar especial atención a las recomendaciones dadas para evitar los riesgos asociados a las tareas de soldaduras que se exponen en el apartado siguiente.

3. Protección contra incendios en procesos de montaje y mantenimiento de instalaciones de climatización y ventilación-extracción

Es evidente que, en los procesos de montaje y mantenimiento de instalaciones de climatización y ventilación, está presente el riesgo de incendio y explosión (trabajos de soldadura, instalaciones eléctricas, etcétera).

Por ello, en todos los trabajos que se realicen, se deberá prever un número suficiente de extintores o dispositivos apropiados de lucha contra incendios, que se elegirán en función de:

- Las características de la obra: dimensiones.
- Usos de los locales y equipos que contengan.
- Características físicas y químicas de las sustancias materiales que se hallen presentes.
- Número máximo de personal que pueda hallarse en los lugares y locales de trabajo.

Ante este riesgo, las principales medidas generales de prevención a adoptar en los trabajos de soldadura son las siguientes:

- No se deben realizar trabajos de soldadura en locales que contengan materiales combustibles, ni en las proximidades de polvo, vapores o gases explosivos.
- No se deben calentar, cortar o soldar recipientes o conductos que hayan contenido sustancias inflamables, explosivas o productos que, por reacción con el metal del contenedor, generen compuestos inflamables o explosivos.
- Es obligatorio el uso de los equipos de protección individual requeridos para este tipo de operaciones.
- Las operaciones de soldadura deberán efectuarse utilizando las medidas de prevención necesarias para evitar la dispersión de chispas.

Recuerde

Antes de comenzar cualquier trabajo de soldadura, es preciso trasladar los materiales combustibles que haya en las proximidades.

El mayor riesgo de la soldadura oxigás es la combinación del oxígeno y del acetileno u otro gas combustible. Con muy poco acetileno que se encuentre libre en el aire, es posible que se produzca una explosión si existen llamas o simples chispas. También puede explotar espontáneamente sin necesidad de aire u oxígeno si está comprimido a presiones elevadas.

Recuerde

Para que se produzca una combustión, es preciso que confluyan en el tiempo y en el espacio tres elementos: combustible, comburente y energía de activación.

Las botellas donde se encuentran los gases también tienen su propio riesgo de incendio y explosión, debido a que son recipientes a presión. En cuanto a las medidas de prevención de riesgos de las botellas que contengan gases:

- Siempre se tratarán como llenas, manejándose con extremo cuidado y manteniéndose alejadas de toda fuente de calor.
- No se pueden usar eslingas para levantar botellas. Se ha de usar una plataforma adecuada.
- Se mantendrán protegidas contra los golpes que puedan producir objetos al caer sobre ellas y se dispondrán en lugares en que puedan ser fácil y rápidamente retiradas.

- Las botellas que no estén en uso permanecerán tapadas.
- Nunca se han de suprimir los dispositivos de seguridad de la botella ni se harán reparaciones o alteraciones en ella.
- Las botellas usadas para soldar deben estar fijas sobre un carro o atadas a una pared o columna.
- Cuando la botella sea puesta por primera vez en servicio, el tornillo regulador debe estar completamente cerrado. Se abrirá poco a poco la válvula para así proteger a esta y al manómetro de la súbita descarga del cilindro.
- Cuando se abra la válvula, el operario deberá situarse a un lado del regulador y del manómetro y no se usarán nunca martillos o similares para abrirla.
- Si se produjeran escapes, se ha de cerrar la válvula antes de proceder a la reparación de la conexión. Si no se puede reparar, se trasladará la botella a un lugar aireado hasta su completa descarga.
- Se debe usar agua jabonosa para buscar los escapes en las canalizaciones de oxígeno o acetileno.
- Las botellas se mantendrán a una distancia no inferior a 10 m del lugar donde se trabaja. Así se evitará que las chispas o el metal fundido las puedan alcanzar. Esta distancia puede ser de 5 m si se usan protecciones contra las radiaciones del calor o en trabajos en el exterior.
- Si el trabajo se ejecuta en un espacio confinado las botellas deberán estar fuera de él.
- Cuando una botella se vacíe o no se haya de usar más, se cerrará la válvula y se desmontará el regulador inmediatamente.

 **Definición**

Eslinga
Tramo de material flexible y resistente, normalmente plano, constituido por fibras sensibles o alambres de acero.

 Definición

Espacio confinado

Según el INSHT, cualquier espacio con aberturas limitadas de entrada y salida y ventilación natural desfavorable, en el que pueden acumularse contaminantes tóxicos o inflamables, o tener una atmósfera deficiente en oxígeno, y que no está concebido para una ocupación continuada.

En cuanto a las canalizaciones y mangueras del equipo, las medidas de seguridad que se han de adoptar son:

- La longitud de la manguera ha de ser adecuada al trabajo que se realice, teniendo en cuenta que está prohibido el empleo de racores intermedios para realizar empalmes.
- Antes de su utilización y periódicamente, se deberá verificar y revisar el estado de las canalizaciones de acetileno para asegurarse de que no tienen fugas en las juntas, racores y grifos, así como desgastes, cortes o quemaduras en las mangueras de conexión.
- La unión de mangueras a racores se efectuará con la pieza adecuada. La unión por simple presión o el uso de alambres puede ser causa de accidentes debido a la expulsión de la manguera o a escapes.
- Nunca se debe estrangular la manguera para cortar el paso del gas, ya que, aparte de no existir certeza de cierre, se dañaría la conducción.
- En los lugares de paso, se deben instalar canalones que protejan los tubos o mangueras.
- Evitar cualquier fuga en los tubos flexibles que conducen los gases, especialmente en su punto de unión con el soplete. Si se produce alguna, se ha de reparar inmediatamente y, si es preciso, cortar el tramo defectuoso.
- Evitar llevar las mangueras sobre la espalda, mantenerlas enrolladas en las botellas o hacerlas pasar por debajo de las piernas. Baste pensar en lo que ocurriría si una fuga se inflama.

En cuanto a las medidas de prevención de riesgos para el uso seguro de los sopletes, los trabajadores deberán:

- Tener boquillas apropiadas y en buen estado.
- Limpiar las boquillas con alambre blando y con mucho cuidado para no deformarlas.

Las obstrucciones de la boquilla pueden provocar retrocesos de la llama. Estos retrocesos también pueden estar provocados por presiones mal reguladas.

Si esto ocurre, se deberá dejar el soplete de inmediato y enfriarlo si se ha calentado. Antes de volver a encenderlo de nuevo, se ha de pasar oxígeno para eliminar cualquier traza de carbón que se haya acumulado debido a la combustión interna.

 Importante

En cualquier caso, es esencial comprobar que el soplete lleva instalada la válvula antirretroceso que impide el retorno del oxígeno a las canalizaciones del acetileno.

Para evitar accidentes al encender el soplete, se debe:

- Consultar la escala para regular correctamente las presiones de los gases.
- Encender la llama con encendedor de fricción y no con cerillas, para evitar quemaduras en las manos.

En los trabajos de soldadura, a pesar de que se adopten las medidas anteriores, los riesgos subsisten con unos niveles que hacen necesaria la utilización de equipos de protección individual. Los más habituales son los siguientes:

- Ropas que protejan al trabajador contra las chispas y las proyecciones de metal fundido, que deben tener el cuello cerrado y bolsillos abotonados.
- El calzado será de seguridad y los pantalones no llevarán vueltas. Debiendo hacerse uso de polainas y un mandil o peto protector.

■ Se han de usar guantes para evitar la exposición al calor y a las llamas y, normalmente, también es necesario el uso del casco.

 Nota

Las mangas deben estar metidas dentro de los guantes, la cabeza debe estar cubierta y es obligatorio el uso de la protección ocular adecuada.

Además, los procesos de soldadura producen humo, que contiene partículas de varios tipos de óxidos que, en algunos casos, pueden provocar patologías tales como la fiebre del vapor metálico. Muchos procesos producen vapores y gases como el dióxido de carbono, ozono y metales pesados, que pueden ser peligrosos sin la ventilación adecuada.

 Aplicación práctica

Durante el proceso de soldadura de una instalación de climatización, el trabajador sufre un accidente por quemadura en el brazo izquierdo, ya que no se había provisto de ningún equipo de protección individual para llevar a cabo dichos trabajos.

¿Qué medidas debería haber adoptado para evitar el riesgo de quemadura?

SOLUCIÓN

En primer lugar, el trabajador, antes de iniciar este tipo de trabajos y para realizarlos correctamente, cumpliendo con todas las medidas de seguridad necesarias, debe recibir la formación e información teórica y práctica específica de dicho puesto de trabajo.

Continúa en página siguiente >>

<< Viene de página anterior

Gracias a dicha formación, conocerá la necesidad de usar ropas que lo protejan contra las chispas y el metal fundido, así como la conveniencia de llevar cerrado en todo momento el cuello y los bolsillos de las prendas abotonados.

Puesto que la quemadura la ha sufrido en el brazo izquierdo, se desprende que no cumplía con el deber de utilizar chaqueta protectora de manga larga, o al menos unos manguitos, con la que habría evitado la exposición al calor y las llamas. Las mangas han de ir metidas dentro de sus guantes, que serán de cuero grueso.

Respecto a la protección de la zona de la cabeza, esta debe estar cubierta con un casco de seguridad, siendo además obligatorio el uso de gafas apropiadas.

Por último, al realizar trabajos de soldadura, se han de proteger también las extremidades inferiores y los pies, puesto que las chispas saltan en cualquier dirección, debiendo utilizar calzado de seguridad y no llevar vueltas en los pantalones. Además, debe hacer uso de polainas y un mandil o peto protector.

Es el empresario el responsable de que los trabajadores reciban dicha formación y, al mismo tiempo, ha de facilitar los equipos de protección individual que sean necesarios, velando en todo momento por el uso y cumplimiento de los mismos por parte de todos los trabajadores de la empresa.

---

4. Riesgos medioambientales más comunes en el montaje y mantenimiento de instalaciones de climatización y ventilación-extracción

Los principales riesgos medioambientales que tienen su origen en el montaje y mantenimiento de instalaciones de climatización y ventilación-extracción están relacionados con los gases refrigerantes que se utilizan. Además, el deficiente montaje, mantenimiento y utilización de la instalación, puede ser origen de ineficiencia energética que pase inadvertida a los usuarios de la misma. En los apartados siguientes, se profundizará en estos dos problemas, pero antes es preciso conocer algunas cuestiones de carácter general, comunes a la mayoría de actividades, que no se pueden descuidar si se pretende tener un comportamiento respetuoso con el medioambiente.

4.1. Impacto ambiental de la actividad

El impacto negativo de cualquier actividad puede clasificarse en tres tipos: el producido debido a la entrada de recursos, el debido a la salida de residuos y el que se origina como consecuencia directa de la acción de la actividad sobre el territorio. El montaje y mantenimiento de instalaciones de climatización y ventilación-extracción solo produce impactos de los dos primeros tipos.

 Ejemplo

Un caso del tercer tipo es el que se produce como consecuencia de la construcción de un trazado ferroviario, que modifica inevitablemente el territorio.

La legislación define la evaluación de impacto ambiental como: "el conjunto de estudios y análisis técnicos que permiten estimar los efectos que la ejecución de un determinado proyecto puede causar sobre el medioambiente".

De ello cabe deducir que el impacto ambiental es el efecto que una determinada actividad ocasiona en el medioambiente. Por tanto, no se debe identificar impacto ambiental con algo negativo para el medioambiente.

 Sabía que...

Si se decide, por ejemplo, repoblar un monte o reintroducir una determinada especie en un ecosistema, se estudia el impacto ambiental que tendrá y, si se valora positivamente, se realiza. Es evidente que estas acciones no son, si lo garantiza una evaluación correcta, perjudiciales y tienen un impacto ambiental positivo.

Recursos materiales utilizados

El primero de los dos impactos negativos de la actividad es el relacionado con la entrada de recursos. Estos pueden clasificarse en cuatro grandes apartados. El primero es el de las materias primas utilizadas, es decir, aquellos materiales que son necesarios para realizar el montaje y mantenimiento de las instalaciones que la empresa realiza. En segundo lugar, está la maquinaria que se utiliza para ello. Pero la maquinaria no es suficiente, también se necesitan herramientas y equipos de medida; las primeras son fundamentales en el proceso de montaje y mantenimiento, los segundos sirven para comprobar que la instalación cumple con las especificaciones legales y técnicas. Por último, están las instalaciones de la propia empresa. Es cierto que parte fundamental del trabajo discurre en locales que son propiedad de otras organizaciones. Sin embargo, es igual de cierto que una parte vital de la tarea, como es la preparación del equipo, se lleva a cabo en las instalaciones de la empresa, donde además habrá un almacén de materiales y, generalmente, unas oficinas para el personal administrativo y técnico que también interviene en la actividad.

Las materias primas son los tubos, los gases, los conductos, etcétera, pero también los papeles, el tóner, los bolígrafos o los productos de limpieza ordinaria.

La maquinaría puede ser diversa, pero entre ella se encontrarán equipos de soldadura, taladros, atornilladores y los equipos necesarios para la carga de los circuitos de refrigeración y la recuperación de sus gases.

Entre las herramientas y equipos de medida, se hallan una gran cantidad de herramientas comunes (destornilladores, llaves, alicates, terrajas, etcétera).

Las instalaciones no solo son la eléctrica, de fontanería, de saneamiento, de iluminación, de comunicación y telecomunicación y de ventilación y climatización, sino también los locales de la empresa donde discurre la actividad: naves, almacenes, oficinas, patios, etcétera.

La buena gestión de los materiales utilizados se basa en una buena política de almacenes. Se debe pedir la cantidad necesaria en el momento adecuado, de ese modo se evitará la rotura de stock, si se pide demasiado tarde o poco, o el deterioro de los productos, si se pide mucho o pronto.

 Nota

Además, si se almacena mucho, es necesario un almacén más grande, lo que supone un incremento de los recursos consumidos.

A la hora de adquirir los productos, se ha de tener en cuenta el etiquetado y otros criterios ecológicos. Por un lado, se debe buscar un etiquetado que garantice el respeto al medioambiente y, por otro, se deben adquirir equipos de bajo consumo energético y de agua, productos duraderos con embalajes poco voluminosos, reciclados y reciclables.

 Sabía que...

La etiqueta que muestra la imagen significa bajo consumo energético y se utiliza, por ejemplo, en monitores.

Etiqueta de bajo consumo energético

En cuanto a los productos químicos, se deben aplicar tres máximas:

- Sustituir los productos peligrosos por otros que lo sean menos.
- Aprovecharlos al máximo.
- Disponer, para cada uno de ellos, de la Ficha internacional de seguridad química (FISQ).

Agua

El agua es un recurso esencial para la vida y, del mismo modo, es fundamental para el desarrollo de la mayoría de las actividades. Precisamente por eso, es uno de los recursos que resulta dañado en más ocasiones.

Cualquier acción que pretenda respetarla debe comenzar por una auditoría que determine cuál es el consumo total de agua y en qué puntos se produce.

 Nota

En este estudio, además de los consumos propios de los procesos productivos, poco relevantes en este caso, se determinan los derivados de la limpieza de las instalaciones y equipos y los causados por la actividad humana en lavabos, duchas, etcétera.

En este campo, se puede recurrir a medidas de carácter general, como la eliminación de los goteos, la instalación de sanitarios que disminuyan el consumo de agua, la instalación de difusores en los grifos, etcétera.

Energía

La principal fuente de energía que se consume en la actividad es la electricidad, de la que suele pensarse que es una forma de energía limpia. Sin embargo, la electricidad tiene un problema, no es una fuente de energía primaria, es decir, no se encuentra en la naturaleza como tal, no hay yacimientos de electricidad. Por ello, la forma de producirla podría no ser limpia.

 Sabía que...

Al pensar en un coche eléctrico, paradigma del transporte respetuoso con el medioambiente, se imagina un coche silencioso que no emite humos y que se conecta a un enchufe. Pero ¿de dónde proviene la electricidad del enchufe? Quizá de quemar carbón o petróleo, tal vez de una planta solar fotovoltaica o de una central nuclear.

Además, en el caso de las tareas de montaje y mantenimiento, la electricidad que se consume corre a cuenta del propietario de las instalaciones y no supone coste alguno para la empresa que realiza el montaje. A pesar de ello, es preciso reducir el consumo de electricidad. En las oficinas y almacenes de la empresa, las medidas fundamentales para conseguirlo son de carácter general: adecuar la instalación de iluminación a las necesidades reales de cada espacio y de cada puesto de trabajo, utilizar fluorescentes y lámparas de bajo consumo, apagar los equipos eléctricos que no vayan a ser usados durante un cierto tiempo, configurar los salvapantallas para que las pantallas se apaguen transcurrido un determinado tiempo y no permanezcan mostrando una animación, etcétera.

Residuos que se generan

Por su peligrosidad, el principal residuo de las instalaciones de climatización son los gases refrigerantes, que serán tratados en apartados sucesivos. Pero ello no debe hacer olvidar que hay otros residuos que no se pueden pasar por alto: los embalajes de equipos de refrigeración y accesorios de instalación, a los que se suele prestar poca atención.

Además, están presentes los residuos urbanos que produce la propia actividad de los trabajadores que pasan un determinado número de horas en la empresa y comen, beben, etcétera. Así, vidrios, alimentos y demás desperdicios también se generan en este tipo de actividad.

 Nota

Ciertamente, el volumen por persona no es significativamente diferente del que se origina en una vivienda, pero no por ello se debe descuidar su correcto tratamiento.

Por último, se producen residuos que son comunes a la mayoría de las actividades industriales, como ruido, vibraciones, humos, etcétera.

4.2. Sistema comunitario de gestión y auditoría medioambientales

En muchas ocasiones es necesario que el compromiso medioambiental de una empresa, en particular de las relacionadas con la climatización, quede plasmado documentalmente y pueda ser verificado por terceros, sobre todo por los clientes. Las opciones son varias, pero en el marco de la Unión Europea, el Parlamento Europeo aprobó en 2001 un reglamento relativo a la participación voluntaria de organizaciones en un sistema comunitario de gestión y auditoría medioambientales, conocido como Reglamento EMAS III. Se puede afirmar que, a nivel de la Unión Europea, el EMAS es la forma más directa de garantizar el compromiso medioambiental de una organización.

 **Nota**

Las siglas EMAS significan *Eco-Management and Audit Scheme,* que en español puede traducirse por Sistema de Gestión y Auditoría Medioambiental. El III es debido a que es la tercera versión del sistema.

Este sistema no solo pretende el cumplimiento de la legislación ambiental comunitaria, sino que busca promover mejoras continuas del comportamiento medioambiental de las organizaciones. Para ello, propone la implantación del sistema de gestión medioambiental y su evaluación objetiva y periódica, para la que es necesaria la formación e implicación activa del personal de las organizaciones. Por último, se promueve la difusión de la información sobre el buen comportamiento medioambiental de la organización.

Las ventajas para las organizaciones participantes son, en primer término, una gestión medioambiental de calidad y la garantía de que se cumple la legislación medioambiental. Estas dos circunstancias favorecen la obtención de ayudas, subvenciones, licencias, etcétera.

Sin embargo, los beneficios no se acaban aquí y son de dos tipos:

- Aquellos que se pueden medir fácilmente. El principal es la reducción de costes que conlleva la reducción del consumo de recursos naturales, la disminución de los residuos generados y la recuperación de determinados subproductos que anteriormente eran residuos.
- Aquellos de difícil cuantificación. Son, en realidad, la gran mayoría de los beneficios que una organización obtiene, pero son más difíciles de calcular. Entre ellos, se encuentran el acceso a subvenciones y ayudas, la garantía del cumplimiento de la legislación, el incremento de la motivación medioambiental de los trabajadores y la mejora de la imagen de la organización.

Obviamente, conseguir todas estas ventajas tiene costes asociados, es decir, es necesario que la organización ponga parte de su personal, tiempo y dinero al servicio del medioambiente. En unos casos, estos recursos estarán ya en la organización, en otros, se contratarán para este fin y, como última opción, se subcontratará a empresas especializadas. En cualquier caso, algún personal propio de la empresa deberá estar directamente implicado en el EMAS. El coste real dependerá, por tanto, de la estructura, dimensión y cualificación del personal de la organización. En concreto, los costes se dividirán en los siguientes apartados:

- Costes necesarios para la corrección de los incumplimientos de la normativa medioambiental vigente que se den en la empresa y que es preciso solucionar antes de empezar a trabajar en el sistema de gestión.
- Costes de la implantación del sistema, ya sean de formación del personal, de la realización de la evaluación inicial, etcétera.
- Costes de gestión medioambiental, ya sean de tratamiento de residuos y emisión o de gestión de los mismos.
- Costes de la auditoría del sistema y de la verificación medioambiental del mismo.

En sus dos primeras versiones, el EMAS estaba dirigido a centros industriales; sin embargo, en el actual, está disponible a cualquier organización que quiera mejorar su comportamiento medioambiental.

 **Definición**

Organización

Compañía, sociedad, firma, empresa, autoridad o institución, o parte o combinación de ellas, tenga o no personalidad jurídica, sea pública o privada, que tiene sus propias funciones y administración.

Pues bien, para que una organización pueda adherirse al EMAS, debe superar las siguientes etapas:

- Realizar un análisis medioambiental de su actividad.
- Implantar un sistema de gestión medioambiental de acuerdo con el reglamento.
- Realizar una auditoría ambiental interna.
- Redactar una declaración ambiental.
- Verificar el sistema de gestión, la auditoría y la declaración por un verificador ambiental.
- Presentar, ante el órgano competente de la Comunidad Autónoma, la declaración previamente validada.

Aunque el proceso de adhesión suele ser considerado administrativa y técnicamente complejo y las organizaciones suelen recurrir a empresas especializadas en este tipo de asesoramiento, se explicará a continuación con brevedad en qué consiste cada uno de los pasos.

Análisis medioambiental

El proceso debe comenzar con un análisis medioambiental de las actividades, productos y servicios de la organización. Se pretende conocer la situación previa respecto al medioambiente para establecer el punto de partida del sistema de gestión.

 Definición

Análisis medioambiental
Análisis global preliminar de las cuestiones, impactos y comportamientos en materia de medioambiente relacionados con las actividades de una organización.

En este proceso, hay que prestar especial atención a los aspectos medioambientales, que son los elementos del funcionamiento de la organización que pueden afectar al medioambiente. La primera tarea es identificar los aspectos medioambientales, para posteriormente establecer unos criterios de evaluación de los mismos y poder determinar el efecto que realmente tienen sobre el medioambiente. Finalmente, estos criterios deben ser puestos a disposición del público.

Para identificar los aspectos ambientales, se puede recurrir a distintas estrategias: visitar las instalaciones e inspeccionarlas con detenimiento, preguntar a los trabajadores, consultar la documentación sobre los procesos desarrollados y la legislación medioambiental implicada, preguntar a los clientes, subcontratistas, etcétera.

Cada uno de estos aspectos, se debe evaluar para determinar el comportamiento de la organización en esa cuestión. Los criterios de evaluación deben cumplir una serie de requisitos básicos para asegurar su validez: deben ser generales, deben poder ser utilizados por personas diferentes y en momentos diferentes, deben ser reproducibles y públicos.

 Sabía que...

Se dice que un criterio es reproducible cuando dos personas distintas, analizando el mismo aspecto, pueden obtener la misma conclusión.

El análisis medioambiental debe terminar con la elaboración de un catálogo de aspectos medioambientales significativos que debe hacerse público. Este catálogo servirá para establecer medidas de prevención o corrección sobre esos aspectos y para establecer objetivos de mejora.

Implantación del sistema de gestión

La alta dirección debe definir la política ambiental de la organización, cuyos compromisos más importantes son el cumplimiento de la legislación medioambiental, la prevención de la contaminación y la mejora continua.

 Nota

Mejora continua del comportamiento medioambiental es el proceso de mejora, año tras año, de los resultados cuantificables del sistema de gestión medioambiental relacionados con la gestión por parte de una organización de los aspectos medioambientales más significativos que la conciernen, tomando como base sus políticas, objetivos y metas medioambientales. No es preciso que la mejora de los resultados se produzca en todos los ámbitos de actuación al mismo tiempo.

La política ambiental debe cumplir algunos requisitos más, pero cabe destacar que debe estar documentada, es decir escrita, y debe aplicarse y mantenerse.

El siguiente paso para poner en funcionamiento el sistema de gestión es planificar tres cuestiones fundamentales:

- **Aspectos ambientales,** en particular en lo referente a su identificación y control y no solo en la situación actual, sino también en un futuro, especialmente en lo relativo a los nuevos aspectos que puedan introducir nuevas actividades, productos y servicios.
- **Requisitos legales,** de nuevo no solo referidos al momento inicial. Una normativa nueva, que se apruebe cuando la organización ya ha implantado su sistema de gestión, no puede pasar desapercibida.
- **Objetivos y metas** en materia medioambiental, que deben ser medibles, deben tener asignada una persona responsable y recursos suficientes para que se cumplan en el plazo previsto.

Llegado a este punto, el sistema de gestión debe comenzar a funcionar. La dirección debe designar a una persona responsable de ello que, según las dimensiones de la organización, puede tener otras funciones o exclusivamente esa.

El reglamento da mucha importancia a que los aspectos ambientales y su sistema de gestión ambiental sean comunicados eficazmente tanto a todos los niveles de la organización como a los agentes externos relacionados con ella.

 Sabía que...

Todas las actuaciones realizadas deben estar recogidas en documentos que serán localizables con facilidad, estarán fechados, harán referencia a su versión y serán fácilmente comprensibles y revisables.

Finalmente, la organización debe planear cómo responder ante situaciones de emergencia y accidentes reales y prevenir o mitigar los impactos ambientales adversos asociados.

Auditoría del sistema de gestión

La organización debe desarrollar un programa de auditorías que le permita saber si todo se está desarrollando como estaba previsto y si eso está ayudando a mejorar su comportamiento medioambiental.

 Definición

Auditoría medioambiental
Instrumento de gestión que comprende una evaluación sistemática, documentada, periódica y objetiva del comportamiento de la organización, del sistema de gestión y de los procedimientos destinados a proteger el medioambiente.

El principal responsable de la revisión es la dirección y lo hará a partir de las no conformidades detectadas, de los resultados de las auditorías previas y de los diversos cambios que se hayan podido producir en la organización en el entorno o en la legislación medioambiental.

Las no conformidades no son más que fallos detectados en la aplicación de los procedimientos establecidos. Además de ser localizadas por la dirección o en las auditorías, pueden ser descubiertas por cualquier empleado durante su actividad habitual.

 Sabía que...

Lo ideal es que las no conformidades sean detectadas por los trabajadores implicados en ellas y no en las revisiones de la dirección o en las auditorías. Eso demuestra que los trabajadores están implicados en la mejora del comportamiento medioambiental de la organización.

Sus causas pueden ser diversas y van desde los errores humanos en la compresión o aplicación de los procedimientos, hasta la definición incorrecta de los mismos o las deficiencias en los sistemas o instalaciones que los soportan.

El procedimiento de eliminación de las no conformidades debe comenzar tan pronto como son detectadas. Consta de cuatro etapas: descubrir la causa que la produce, proponer una acción correctora o preventiva, comprobar que se cumple y verificar que es eficaz, es decir, que soluciona la no conformidad.

La auditoría puede ser interna o externa, según sea realizada por personas de la propia organización o por personas de fuera. El alcance y la duración de la auditoría depende del tamaño y otras características de la organización, pero, en el plazo de tres años, el sistema de gestión debe ser revisado en su totalidad.

La auditoría se cierra con un informe escrito que redactan los auditores y que tiene por objeto, según el reglamento:

- Exponer el alcance de la auditoría.
- Proporcionar información a la dirección sobre el grado de cumplimiento de su política medioambiental y los avances medioambientales observados en la organización.
- Proporcionar a la dirección información sobre la eficacia y fiabilidad de las medidas de control del impacto medioambiental de la organización.
- Demostrar la necesidad de adoptar medidas correctoras, cuando proceda.

Declaración ambiental

La declaración ambiental es un documento que pretende dar a conocer la información medioambiental de la organización.

La información que debe recogerse en ella es la siguiente:

- Una descripción clara del registro de la organización en el EMAS y un resumen de sus actividades, productos y servicios.
- La política medioambiental y una breve descripción del sistema de gestión medioambiental de la organización.
- Una descripción de todos los aspectos medioambientales significativos.
- Una descripción de los objetivos y metas medioambientales en relación con los aspectos e impactos medioambientales significativos.
- Un resumen de la información disponible sobre el comportamiento de la organización en relación al punto anterior. El resumen puede incluir cifras sobre las emisiones de contaminantes, la generación de residuos, el consumo de materias primas, energía y agua, el ruido, así como otros aspectos de interés.
- Otros factores relativos al comportamiento medioambiental, como por ejemplo el comportamiento respecto a las disposiciones jurídicas en relación con sus impactos medioambientales.
- Nombre y número de acreditación del verificador medioambiental y fecha de validación. Esta información se consigue tras superar la verificación ambiental a la que se hace referencia a continuación.

- Para satisfacer este requisito, pueden utilizarse fotografías aéreas, mapas, planos, etcétera, y es importante facilitar la información de contacto de la organización.

- Los datos deben permitir efectuar una comparación año por año para evaluar la evolución del comportamiento medioambiental de la organización. Con este objeto, puede resultar interesante incluir tablas o gráficos.

Verificación medioambiental

Para garantizar que la organización ha realizado lo que indica el reglamento satisfactoriamente, se recurre a la verificación medioambiental. Un verificador acreditado se desplaza a la organización y examina el sistema de gestión medioambiental, el procedimiento de auditoría y la declaración medioambiental que ha realizado.

 Definición

Verificador medioambiental
Toda persona u organización independiente de la organización objeto de la verificación que haya obtenido una acreditación según las condiciones y los procedimientos establecidos en el reglamento.

Tras el examen de toda la documentación y la visita a las instalaciones, se realiza un informe dirigido a la dirección para que esta corrija los errores detectados. En el caso de que sean de cierta importancia, se revisan además las soluciones propuestas para subsanarlos.

En España, la Entidad Nacional de Acreditación (ENAC) es la encargada de acreditar a los verificadores. En 2010, aparecían en la lista disponible en su página web veinte verificadores medioambientales acreditados.

Cuando la organización ha superado la verificación, puede ya usar el logotipo correspondiente. Existen dos logotipos cuyo uso está perfectamente regulado:

- Información validada (versión 2), por ejemplo en un folleto informativo basado en el contenido de la declaración.
- En declaraciones medioambientales validadas (versión 2), es decir, en la propia declaración.
- En membretes de organizaciones registradas (versión 1).
- En informaciones que anuncien la participación de las organizaciones en el EMAS (versión 1).
- En anuncios de productos, actividades y servicios (versión 1), siempre que se garantice que no existe confusión con las etiquetas ecológicas (por ejemplo en cualquier folleto de la organización).

El logotipo no se podrá usar nunca en:

- Productos o embalajes de productos.
- Junto con afirmaciones que comparen productos de la organización con productos, actividades o servicios de otras organizaciones.

Logotipos de verificación medioambiental

Gestión ambiental   Información validad
verificada REG. NO.   REG. NO.

Aplicación práctica

Una empresa de 25 trabajadores dedicada al montaje y mantenimiento de instalaciones de climatización y ventilación-extracción decide implantar el sistema de gestión medioambiental de acuerdo con el reglamento EMAS. Explique resumidamente los pasos que debería dar.

SOLUCIÓN

El primer paso, aunque resulte evidente, sería descargar de Internet el reglamento EMAS, para ver cuáles son los requisitos que establece.

Seguidamente, habría que realizar un análisis medioambiental de la actividad para determinar cuáles son los aspectos ambientales más significativos y cuáles podrían ser sus criterios de evaluación.

Tras esto, se estaría en disposición de diseñar un sistema de gestión medioambiental, siguiendo el reglamento, y posteriormente ponerlo en funcionamiento en la empresa.

Una vez que el sistema de gestión está implantado, se realizaría una auditoría interna para determinar qué procesos se están realizando según lo previsto y cuáles no, para corregirlos.

Es el momento de realizar la declaración ambiental y de llamar a un verificador autorizado que se desplace a las instalaciones de la empresa para comprobar y certificar que todo está conforme con el sistema de gestión medioambiental que se ha diseñado siguiendo el reglamento.

Superado este trámite, ya se puede usar el logotipo del EMAS. Posteriormente, cada tres años, habrá que repetir la auditoría externa.

5. Impacto de los gases refrigerantes sobre la capa de ozono y efecto invernadero

La vida sobre el planeta Tierra es posible gracias a la existencia de una atmósfera respirable para los seres vivos. Su composición porcentual es aproximadamente un 78 % de nitrógeno, un 21 % de oxígeno y un 1 % de diversos gases, de los que es significativamente mayoritario el argón, pero entre los que también se encuentran el dióxido de carbono, el vapor de agua o el ozono.

La atmósfera realiza también otras muchas funciones. Es la capa donde se desarrolla el clima que, por ejemplo, permite el reparto de las precipitaciones a lo largo de la superficie. También regula la temperatura terrestre, consiguiendo que la diferencia entre las máximas y las mínimas, la denominada amplitud térmica, no sea muy grande. Por último, en relación con el objeto de este manual, es la encargada, junto con el campo magnético de la Tierra, de evitar que la gran mayoría de la radicación que proviene del Sol llegue a la superficie.

 Sabía que...

En el planeta Mercurio, que tiene una débil atmósfera, la temperatura varía entre los 400 °C de día y los −160 °C durante la noche.

La atmósfera se extiende desde la superficie hasta 10.000 km por encima de ella, pero no es uniforme en toda su extensión. De hecho, la zona en la que los gases refrigerantes tienen impacto es la más cercana. Someramente, se puede afirmar que las capas son las siguientes:

- **Trosposfera:** capa más cercana a la superficie, en la que se desarrolla toda la vida del planeta. Su espesor no es uniforme, pero se puede afirmar que tiene de media 12 km. En ella, se produce el clima y su concentración de oxígeno disminuye conforme se asciende.
- **Estratosfera:** debe su nombre a que, a su vez, está compuesta de varias capas, estratos, que se extienden hasta los 50 km. Incluye la ozonosfera (15-40 km), que se denomina así porque contiene casi todo el ozono que hay en la atmósfera.
- **Mesosfera:** se extiende hasta los 80-85 km.
- **Termosfera:** se extiende hasta los 700 km y es la capa más caliente de la atmósfera, superando los 1.000 °C debido a la interacción de las

partículas que llegan del Sol con las de la tenue atmósfera que existe a esa altura.

- **Exosfera:** última capa, con muy poca concentración de átomos.

Capas de la atmósfera

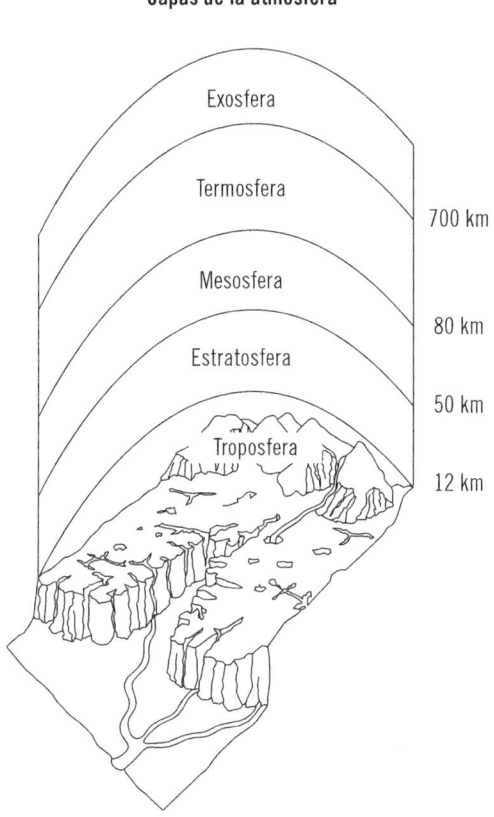

 Nota

El ozono evita que la radiación ultravioleta de alta frecuencia, la más energética, que proviene del Sol llegue a la superficie.

Sabía que...

La mesosfera es la capa en la que se consumen los meteoros, popularmente conocidos como estrellas fugaces.

5.1. El efecto invernadero

Cuando se escucha hablar del efecto invernadero, se suele identificar con un efecto perjudicial que hará que la temperatura de la Tierra suba, que se fundan los polos, que se eleve el nivel del mar, que la población costera del planeta tenga que desplazarse, etcétera; sin embargo, la humanidad está viva gracias al efecto invernadero.

¿Qué es lo que ocurre en un invernadero que puede mantener a las personas con vida? El fenómeno no es trivial, aunque cualquier persona tiene experiencia de él. Supóngase que se encuentra en una terraza acristalada en un día soleado de invierno con una temperatura exterior de 10 °C. El Sol está incidiendo en los cristales y todo el mundo da por sentado que dentro de la terraza hará una temperatura agradable, porque tiene experiencia de ello. Pero no es elemental, ¿por qué el calor que entra en la terraza no sale de la misma manera?, ¿por qué la terraza se calienta, demostrando que es más el calor que entra que el que consigue salir?

La explicación es la siguiente, el calor que viene del Sol se transmite por radiación con una temperatura de emisión que ronda los 6.000 °C. Esta radiación se transmite por el espacio, llega a la atmósfera terrestre, la atraviesa y entra por el cristal de la ventana de la terraza, calentando la habitación, por ejemplo, a 20 °C. Tanto la atmósfera como el cristal son "transparentes" a la radiación que proviene del Sol.

Cuando el calor sale de la habitación, la temperatura de radiación es 20 °C y tanto el cristal como la atmósfera no son tan transparentes a esa radiación, de modo que la mayoría del calor que ha entrado no consigue salir. Como resultado, la habitación consigue una temperatura agradable, igual que el invernadero y el planeta Tierra en su conjunto.

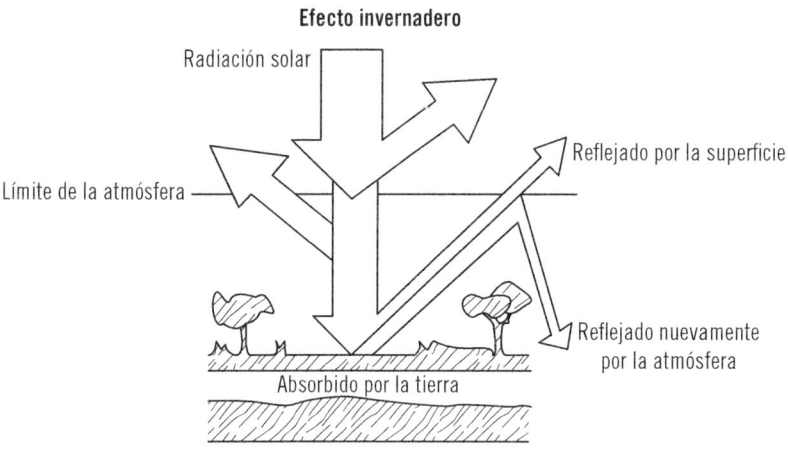

Efecto invernadero

Recuerde

La vida en el planeta es posible gracias al efecto invernadero.

El fenómeno no es sencillo, la diferencia entre lo mucho que entra en la atmósfera y lo poco que puede salir debe permitir que la temperatura de la Tierra se mantenga en unos márgenes que permitan la vida.

Ejemplo

Si la atmósfera no dejara salir nada de calor, su temperatura subiría hasta alcanzar el equilibrio a 200 ºC. Por el contrario, si la atmósfera dejara entrar un poco menos de la radiación que viene del Sol, el planeta podría enfriarse hasta los −100 ºC.

De hecho, la atmósfera de la Tierra ha cambiado significativamente a lo largo de su historia y, con ello, la temperatura del planeta.

La siguiente pregunta surge inmediatamente: ¿qué está en la atmósfera permitiendo que entre la mayoría de la radiación que viene del Sol e impidiendo que salga al espacio desde la Tierra? Pues, como la atmósfera está compuesta por gases, son, algunos de ellos, los que realizan esta misión. Se podría pensar que los encargados sean el nitrógeno y el oxígeno, ya que entre ambos constituyen el 99 % de la atmósfera, pero no, son gases que se encuentran presentes en cantidades mínimas los que producen este efecto. El más nombrado es el dióxido de carbono (CO_2) cuya presencia es de 350 ppm, el que más efecto invernadero produce es el metano (CH_4), aunque su concentración es de 2 ppm; el más abundante es el vapor de agua.

 Sabía que...

La presencia de algunos gases en la atmósfera es tan pequeña que se mide en partes por millón. Que la concentración del CO_2 sea 350 ppm significa que, de cada millón de partículas (moléculas) de aire, solo 350 son de dióxido de carbono.

Desde su aparición sobre el planeta, la actividad del hombre apenas ha alterado las cantidades de los gases presentes en la atmósfera. Sin embargo, en los últimos siglos, la sociedad industrializada ha emitido grandes cantidades de CO_2 a la atmósfera. Hay cierta discusión sobre en qué medida estas emisiones han incrementado la concentración de dióxido de carbono, pero es indiscutible que, como consecuencia de la actividad humana, está aumentando. Las fábricas, los medios de transporte, la producción de energía, los sistemas de calefacción basados en un combustibles fósiles, por ejemplo gasoil, etcétera, suponen emisiones de gases de efecto invernadero. Por otro lado, la actividad humana también contribuye, en mayor o menor medida, a calentar la superficie del planeta.

Ejemplo

En el ámbito de este manual, las instalaciones de climatización que en verano enfrían las viviendas y centros de ocio y trabajo, constituyen al calentamiento. Las leyes de la termodinámica obligan a que, para producir un vatio de frío, sea necesario emitir más de un vatio de calor.

Contribución de los gases refrigerantes al efecto invernadero

Todos los gases refrigerantes contribuyen al efecto invernadero. La influencia no depende de que sean cloro-flúoro-carbonos (CFC), hidro-cloro-flúoro-carbonos (HCFC) o hidro-flúoro-carbonos (HFC), sino de ciertas características de cada gas en concreto.

La capacidad de producir efecto invernadero se mide con un coeficiente que se llama GWP (global warming potential o potecial de calentamiento global), que representa el cociente entre calentamiento máximo que produce una masa de un gas y el que produce la misma masa de dióxido de carbono.

Para que la comparación sea válida, es necesario incluir además un periodo de tiempo.

 Nota

Esto se debe a que con el transcurso de los años los gases presentes en la atmósfera reaccionan unos con otros o con la radiación procedente del sol y sus concentraciones varían. Unos gases permanecen más tiempo en la atmósfera que otros.

A título ilustrativo, se incluye un gráfico en el que se muestra el GWP de varios gases refrigerantes a lo largo de 100 años.

GWP de diversos gases de 100 años

Gas	GWP
R-22	1500
R-134A	1300
R-404A	3260
R-407A	1520
R-410A	1725
R-507A	3300

 Aplicación práctica

Durante el desmontaje de una instalación antigua cuyo gas refrigerante era R-12, se dejan escapar a la atmósfera 2 kg de CO_2. ¿A qué cantidad de dióxido de carbono equivale el vertido?

SOLUCIÓN

En primer lugar, es preciso verificar que se ha entendido el significado del GWP. Para el R-12, el GWP es 8.100, lo que significa en este caso que, en un periodo de tiempo de 100 años, el efecto invernadero máximo producido por 1 kg de R-12 es equivalente al producido por 8.100 kg de CO_2.

Según lo anterior, el perjuicio a la atmósfera, en lo referente al efecto invernadero, de los 2 kg vertidos es de:

$8.100 \times 2 = 16.200$ kg $= 16,2$ toneladas CO_2

En la aplicación se ha escogido el caso del R-12, que es el que produce un efecto invernadero mayor; pero, de los que se muestran en el gráfico, el de menor efecto tiene 1.300 veces más que el dióxido de carbono.

El Protocolo de Kyoto

El Protocolo de Kyoto es un acuerdo internacional por el que una serie de países se comprometen a reducir los gases que mayor efecto invernadero producen, entre los que se encuentran los refrigerantes. Los compromisos firmados y ratificados por los países son un poco complejos, porque dependen de cada país. Simplificando, se puede decir que la idea es reducir entre 2008 y 2012 (el primer periodo de compromiso) la emisión global de esos gases a un nivel un 5 % inferior al que existía en 1990.

Es importante tener claro que la idea no es reducir lo que se produce hoy en un 5 %, sino reducir un 5 % por cierto lo que producía en 1990. En el caso de España, por ejemplo, que en la última década del siglo XX experimentó un gran crecimiento industrial, el acuerdo era emitir como máximo el 15 % más de lo emitido en 1990.

 Nota

Desgraciadamente, en 2008 España era el país de la UE que más lejos estaba de cumplir su objetivo, ya que emitía un 40 % más que en 1990.

En Doha (Qatar), el 8 de diciembre de 2012, se aprobó la Enmienda de Doha al Protocolo de Kyoto para un segundo periodo de compromiso, que comenzaría en 2013 y duraría hasta 2020.

El compromiso de la UE supone una reducción de emisiones de un 20 %, como promedio a lo largo de 2013-2020, respecto al año de referencia (1990). España acomete este objetivo conjuntamente con los 28 países de la Unión Europea y con Islandia.

5.2. Impacto de los gases refrigerantes en la capa de ozono

En 1974, tres científicos, Rowlan, Crutzen y Molina, descubrieron que la concentración de ozono en la atmósfera estaba disminuyendo, especialmente en la zona antártica, como consecuencia del efecto de los CFC en la capa de ozono.

Según sus investigaciones, durante siglos, la cantidad de ozono en la atmósfera ha permanecido estable como consecuencia de que el número de moléculas que se crean y que se destruyen está en equilibrio. Sin embargo, la emisión de CFC y HCFC ha alterado ese equilibrio en las últimas décadas. Cada molécula de CFC o de HFCF se descompone en cloro, flúor y carbono (e hidrógeno en el caso de los segundos) y el cloro resultante tiene la capacidad de eliminar miles de moléculas de ozono y, además, son necesarios del orden de 100 años para que esa molécula de cloro desaparezca y con ella su dañino efecto.

Curiosamente, a pesar de la importancia que ha alcanzado el descubrimiento con el paso de los años, en su momento pasó desapercibido e incluso fue calificado de alarmista. No fue hasta 1995, más de 20 años después, cuando los tres científicos recibieron el Premio Nobel de Química como reconocimiento a su trabajo.

Antes, el 16 de diciembre de 1987, se firmó en Montreal, Canadá, un protocolo que tenía por objetivo la reducción de nivel mundial de las emisiones a la atmósfera de lo que se denominó sustancias agotadoras de la capa de ozono (SAO). El compromiso, simplificando los términos, era reducir los niveles de emisión de 1995-97 al 50 % en 2005, al 85 % en 2007 y al 100 % en 2010.

La principal emisora de CFC y HCFC es la industria del frío en cuatro de sus vertientes:

- La producción, almacenamiento, distribución y venta de alimentos fríos y congelados.
- La refrigeración industrial necesaria en diversos procesos productivos.

■ La climatización de las edificaciones.

■ La climatización de los vehículos.

Se propusieron dos vías principales de actuación para conseguir disminuir progresivamente, según el Protocolo de Montreal, el uso de los CFC y HCFC: la conversión o eliminación de los equipos antiguos que usaban estos gases como refrigerante y la recuperación y el reciclado o eliminación de los gases de las instalaciones que se fueran convirtiendo o sustituyendo.

A diferencia del Protocolo de Kyoto, el acuerdo de Montreal sí ha sido un rotundo éxito, ya que fue firmado, ratificado y cumplido por más de 190 países, entre los que se encontraban los principales emisores.

 Nota

En este caso, la ciencia y la ingeniería sí encontraron rápidamente sustitutos eficientes para los gases perjudiciales para la capa de ozono.

Para valorar el efecto de un refrigerante en la capa de ozono se define un parámetro llamado ODP (*ozono depletion potential*) que en castellano se denomina, a veces, PAO (poder agotador de la capa de ozono) y que representa el cociente entre el perjuicio causado en la capa de ozono por una masa de gas y el causado por la misma masa de R-11, que es el CFC más destructivo, ya que posee tres átomos de cloro en su molécula.

Aplicación práctica

¿Cuántas veces es mayor el efecto en la atmósfera del R-11 que el del R-410A, que es un HFC?

SOLUCIÓN

El ODP del R-410A es 0. La razón es sencilla: el componente de los gases refrigerantes que causa daño a la capa de ozono es el cloro. Los CFC tienen cloro, los HCFC también lo tienen, aunque menos; el R-410A es un HFC (hidrofluorocarbonado) y, por tanto, no tiene cloro y no destruye el ozono, luego su ODP es igual a 0.

6. Uso de refrigerantes ecológicos

Conocidos los dos principales problemas que producen en el medioambiente los gases refrigerantes clásicos, cabe preguntarse ¿qué refrigerantes son entonces los que se deben usar?

 Nota

La respuesta es insatisfactoriamente simple, ya que, en la mayoría de los casos, se usa cualquier refrigerante que no esté prohibido.

Por ello, es necesario, en primer lugar, conocer cuáles son esos refrigerantes prohibidos.

En el año 2000, se publicó en la Unión Europea el Reglamento (CE) n.º 2037/2000 del Parlamento Europeo y del Consejo de 29 de junio de 2000 sobre las sustancias que agotan la capa de ozono. Evidentemente este reglamento está relacionado con el Protocolo de Montreal y sus principales disposiciones fueron:

- Prohibir la utilización de CFC (R-11, R-12, R-113, R-114, R-115, etc.).
- Prohibir la introducción en el mercado de equipos basados en HCFC a partir de 2010.
- Prohibir la utilización de HCFC (R-22, R-408A, R409A, etcétera) vírgenes a partir de 2010 y de regenerados a partir de 2015.
- Prohibir la emisión de CFC y HCFC y obligar a su recuperación para su reciclado o destrucción.

Posteriormente, se publica el Reglamento (CE) n.º 842/2006 del Parlamento Europeo y del Consejo de 17 de mayo de 2006 sobre determinados gases fluorados de efecto invernadero, en este caso relacionado fundamentalmente con el Protocolo de Kyoto y el efecto invernadero, aunque, como algunas de las sustancias con elevado potencial destructor de la capa de ozono son los CFC y los HCFC, sus prescripciones también afectan a sustancias agotadoras de la capa de ozono:

- Se establecen una serie de revisiones periódicas para las instalaciones con refrigerantes. El objetivo es detectar posibles pérdidas para evitar emisiones. Además, se fija que las empresas responsables de las revisiones deben estar homologadas.
- Se regula que las operaciones de reposición del refrigerante deben quedar registradas. Se indica que, para realizar este tipo de operaciones, las empresas o personas encargadas de ellas deben ser también homologadas.
- Lo anterior lleva aparejada la obligación de los propietarios de las instalaciones de contratar para realizar trabajos sobre ellas a empresas homologadas.

Por último, se publicó el Reglamento (CE) n.º 1005/2009 del Parlamento Europeo y del Consejo de 16 de septiembre de 2009 sobre las sustancias que agotan la capa de ozono. El objetivo era adaptarse a partes del Protocolo de Montreal que se aprobaron con posterioridad, pero que no añaden regulación nueva a los puntos que se han destacado del Reglamento 2037/2000.

Para cada gas refrigerante cuya utilización ha sido prohibida, han surgido, en función de sus condiciones de trabajo, sustitutos. Por ejemplo, el R-12 o el R-409A, mencionados con anterioridad pueden ser sustituidos por el R-426A; el R-22 o el R-408A, también referidos, son sustituibles por el R-428A. Si se profundiza, por ejemplo, en el R-22, la sustitución propuesta es óptima para temperaturas medias y bajas hasta −40 °C, para temperaturas positivas y medias sería más adecuado recurrir a otros refrigerantes como el R-417A, R424A o el R-422D según se destine a aire acondicionado, refrigeración o enfriadoras de agua.

 Importante

Para cada caso concreto, los fabricantes de gases tienen disponibles guías de sustitución que están accesibles en Internet.

Superado el planteamiento de que cualquier refrigerante que no está prohibido es ecológico, cabría preguntarse cuáles de los que sí se pueden usar son más ecológicos.

Ya se conocen dos parámetros, GWP y el ODP, que miden en cierto modo lo ecológico que es un refrigerante.

 Recuerde

Interesa que el GWP sea lo menor posible, para que el efecto invernadero sea bajo, y que el ODP sea 0, para que no produzca daño en la capa de ozono.

Adicionalmente, existen otros dos parámetros tecnológicos en los que, además de las propiedades físico-químicas del gas, influye el equipo por donde circula.

El primero es el COP (*coefficient of performance*, coeficiente operacional o eficiencia energética), que mide la relación existente entre la potencia frigorífica obtenida y la potencia consumida en el compresor. Es evidente que los sistemas con un COP más alto son más ecológicos por ser más eficientes.

El segundo es el TEWI (total equivalent warming impact, influencia total equivalente en el calentamiento), que pretende valorar el efecto invernadero conjunto que produce una instalación frigorífica. Este efecto total se compone de dos sumandos, el primero es el impacto directo que tiene el refrigerante en el efecto invernadero que es medido por el GWP; el segundo es el efecto indirecto que mide el COP. El consumo de cualquier instalación de climatización también puede traducirse en emisiones de efecto invernadero.

 Ejemplo

Si una instalación consume 50 kW/h, para producirlos será necesario, por ejemplo, quemar gas natural, lo que conllevará una emisión a la atmósferas de gases de efecto invernadero.

7. Instrucciones y técnicas de montaje y mantenimiento para el ahorro energético de las instalaciones de climatización y ventilación-extracción

Las instrucciones técnicas de montaje y mantenimiento de las instalaciones de climatización están recogidas en el Reglamento de Instalaciones Térmicas en los Edificios (RITE), publicado como Real Decreto 1027/2007. En concreto, la instrucción técnica IT-2 se refiere al montaje y la IT-3 al mantenimiento y uso. El objeto de este el reglamento (RITE) es la trasposición parcial de la Directiva 2002/91/CE, de 16 de diciembre, de eficiencia energética de los edificios.

El reglamento incorpora el enfoque que se está imponiendo en la legislación energética europea, es decir, un enfoque basado en prestaciones. La normativa obliga a que las instalaciones térmicas cumplan una serie de requisitos, pero no establece un camino obligatorio para alcanzarlos. Según el Instituto para la Diversificación y Ahorro de la Energía (2007), dos son las vías que se abren:

> *Adoptar soluciones basadas en las instrucciones técnicas, cuya correcta aplicación en el diseño y dimensionado, ejecución, mantenimiento y utilización de la instalación, es suficiente para acreditar el cumplimiento de las exigencias; o*
>
> *Adoptar soluciones alternativas, entendidas como aquellas que se apartan total o parcialmente de las instrucciones técnicas. El proyectista o el director de la instalación, bajo su responsabilidad y previa conformidad de la propiedad, pueden adoptar soluciones alternativas, siempre que justifiquen documentalmente que la instalación satisface las exigencias del RITE porque sus prestaciones son, al menos, equivalentes a las que se obtendrían por aplicación de las soluciones basadas en las instrucciones técnicas.*

7.1. Instrucción técnica 2. Montaje

Esta instrucción pretende establecer el procedimiento que se debe seguir para efectuar las pruebas de puesta en servicio de las instalaciones. Es significativo que, denominándose montaje, no explique cómo deben montarse las instalaciones térmicas, entre las que se encuentran las de climatización, sino que especifique las pruebas a superar para su puesta en servicio. Sin embargo, este es precisamente el planteamiento, basado en prestaciones.

Las pruebas comienzan tomando nota de los datos de funcionamiento de los equipos de la instalación, registrando tanto los datos de proyecto (nominales) como los reales. Seguidamente, se realizan las pruebas de estanqueidad tanto a los circuitos de agua como a los frigoríficos.

Nota

No importa cómo se haya ejecutado el montaje, lo que importa es que satisfaga las prestaciones que se esperan de él.

En referencia a los circuitos de agua, el reglamento indica que todas las redes de fluidos portadores deben ser probadas para asegurar su estanquidad antes de quedar ocultas por obras de albañilería, material de relleno o aislantes. Antes de comenzar, se realizará la limpieza de las tuberías para eliminar los residuos procedentes del montaje. Esto puede conseguirse llenando y vaciando la instalación el número de veces que sea necesario con agua o con una solución acuosa de un producto detergente. Posteriormente, se vaciará totalmente la red y se enjuagará con agua, para terminar realizando el llenado definitivo de la misma.

Seguidamente, se efectúa una prueba preliminar de estanqueidad, a baja presión, para detectar fallos de continuidad de la red y evitar los daños que podría provocar la prueba de resistencia mecánica. La duración será la necesaria para que se pueda verificar la estanqueidad de todas las uniones.

Por último, se realiza la prueba de resistencia mecánica. La red debe ser capaz de soportar 1,5 veces la presión máxima efectiva, con una presión mínima de 6 bar. Si alguno de los equipos o aparatos de la instalación no soportara esa presión, no se incluirá en la prueba, que durará el tiempo suficiente para que se pueda verificar visualmente la resistencia estructural del sistema.

 Nota

En el caso de que se detectara alguna fuga, tras su reparación, el proceso se repetirá tantas veces como fuera necesario, comenzando desde la prueba preliminar.

Los circuitos frigoríficos se someten a las pruebas específicas que indique su normativa y no será necesario realizarlas en los circuitos que se suministren precargados por el fabricante, que deberá aportar el correspondiente certificado de las pruebas.

Las pruebas de recepción de redes de conductos de aire comenzarán con la limpieza de las mismas, que se realiza después del montaje de la red y la unidad de tratamiento de aire, pero antes de colocar las unidades terminales y los elementos de acabado.

 Importante

Las pruebas de resistencia mecánica y estanqueidad se efectuarán antes de que la red de conductos se haga inaccesible por la instalación del aislamiento térmico o el cierre de las obras de albañilería y de falsos techos.

Verificada la instalación mediante las pruebas, es preciso realizar el ajuste y equilibrado de la misma para que se cumplan las prestaciones especificadas en el proyecto.

En primer lugar, se realizará y documentará el procedimiento de ajuste y equilibrado de los sistemas de distribución y difusión de aire, de acuerdo a lo siguiente:

- Las unidades terminales de impulsión y retorno serán ajustadas al caudal de diseño.
- En unidades terminales con flujo direccional, se deben ajustar las lamas para minimizar las corrientes de aire y establecer la distribución adecuada del mismo.
- Cuando la presión de un local deba estar por encima o por debajo de la de los locales circundantes, se regularán los caudales de impulsión y de extracción para satisfacer esa condición, manteniendo constante la presión en el conducto.

Sabía que...

Los laboratorios donde se efectúan pruebas cuyos resultados pueden ser alterados por la presencia de agentes externos se ventilan en sobrepresión para que no entre aire del exterior. Al contrario, los laboratorios donde ser trabaja con agentes biológicos que pueden resultar peligrosos para la población se ventilan en depresión para que el aire no pueda escapar del interior.

Después, se ajustan los sistemas de distribución de agua y, por último, para garantizar la eficiencia energética de la instalación, se deben realizar las siguientes pruebas:

- Comprobación del funcionamiento de la instalación en condiciones de régimen.
- Comprobación de la eficiencia energética de los equipos de generación de frío en las condiciones de trabajo.
- Comprobación del funcionamiento de los elementos de regulación y control.
- Comprobación de los consumos energéticos.

7.2. Instrucción técnica 3. Mantenimiento y uso

Esta instrucción incluye las exigencias que deben cumplir las instalaciones térmicas para asegurar que su funcionamiento, a lo largo de su vida útil, se realice con la máxima eficiencia energética, garantizando la seguridad, la durabilidad y la protección del medioambiente, así como las exigencias de proyecto. Para ello, las instalaciones de climatización se deben mantener de acuerdo con los procedimientos que se desarrollan a continuación.

Programa de mantenimiento preventivo

El programa de mantenimiento preventivo depende de que la potencia de la instalación sea menor o igual a 70 kW o mayor, aunque en algunos casos las periodicidades de las revisiones son las mismas. A continuación, se enumeran las más usuales:

- Limpieza de los evaporadores: t/t.
- Limpieza de los condensadores: t/t.
- Drenaje, limpieza y tratamiento del circuito de torres de enfriamiento: t/2t.
- Comprobación de la estanqueidad y niveles de refrigerante y aceite en equipos frigoríficos: t/m.
- Revisión de aparatos de humectación y enfriamiento evaporativo: t/m.
- Revisión de unidades terminales agua-aire: t/2t.
- Revisión de unidades terminales de distribución de aire: t/2t.
- Revisión y limpieza de unidades de impulsión y retorno de aire: t/2t.
- Revisión de ventiladores: -/m.
- Revisión del sistema de control automático: t/2t.

Donde:

- t: una vez por temporada.
- 2t: dos veces por temporada, una al comienzo y otra a la mitad.
- m: una vez al mes, la primera al inicio de la temporada.

 Nota

Se indica que primer lugar lo prescrito para instalaciones de potencia menor o igual a 70 kW y en segundo para las de potencias mayores.

Programa de gestión energética

La instalación debe tener un programa de gestión energética dentro del que la empresa instaladora realizará un análisis y evaluación periódica del rendimiento de los equipos generadores de frío, midiendo y registrando sus valores.

Las mediciones a realizar son las siguientes:

- Temperatura del fluido exterior en entrada y salida del evaporador.
- Temperatura del fluido exterior en entrada y salida del condensador.
- Pérdida de presión en el evaporador en plantas enfriadas por agua.
- Pérdida de presión en el condensador en plantas enfriadas por agua.
- Temperatura y presión de evaporación.
- Temperatura y presión de condensación.
- Potencia eléctrica absorbida.
- Potencia térmica instantánea del generador, como porcentaje de la carga máxima.
- CEE o COP instantáneo.
- Caudal de agua en el evaporador.
- Caudal de agua en el condensador.

Este análisis se efectuará cada tres meses, la primera vez al inicio de temporada, cuando la potencia sea mayor de 70 kW e igual o menor que 1.000 kW y mensualmente, la primera vez al inicio de temporada, para potencias mayores de 1.000 kW.

 Nota

Fruto de este análisis, la empresa mantenedora asesorará al titular, recomendando mejoras o modificaciones de la instalación, así como en su uso y funcionamiento, que produzcan una mayor eficiencia energética.

Instrucciones de seguridad

Las instrucciones de seguridad tienen por objeto reducir a límites aceptables el riesgo de que los usuarios u operarios sufran daños inmediatos durante el uso de la instalación. En el caso de instalaciones con potencia nominal

superior a 70 kW, estas instrucciones deben estar visibles junto a los equipos
y deben hacer referencia, al menos, a:

- Parada de los equipos antes de una intervención.
- Desconexión de la corriente eléctrica antes de intervenir en un equipo.
- Colocación de advertencias antes de intervenir en un equipo.
- Indicaciones de seguridad para distintas presiones, temperaturas, intensidades eléctricas, etcétera.
- Cierre de válvulas antes de abrir un circuito hidráulico.

Instrucciones de manejo y maniobra

Las instrucciones de manejo y maniobra deben servir para efectuar la puesta en marcha y parada de la instalación, de forma total y parcial, y para lograr cualquier programa de funcionamiento y servicio previsto. En el caso de instalaciones con potencia nominal superior a 70 kW, estas instrucciones deben estar visibles y deben hacer referencia, al menos, a:

- Secuencia de arranque de bombas de circulación.
- Limitación de puntas de potencia eléctrica.
- Utilización del sistema de enfriamiento gratuito en régimen de verano y de invierno.

Programa de funcionamiento

El programa de funcionamiento pretende que la instalación dé el servicio demando con el mínimo consumo energético. En el caso de instalaciones con potencia nominal superior a 70 kW, incluirá los siguientes aspectos:

- Horario de puesta en marcha y parada de la instalación.
- Orden de puesta en marcha y parada de equipos.
- Programa de modificación del régimen de funcionamiento.
- Programa de paradas intermedias del conjunto o de parte de equipos.
- Programa y régimen especial para los fines de semana y para condiciones especiales de uso del edificio o de condiciones exteriores excepcionales.

8. Tratamiento y control de efluentes y vertidos conforme a normativa medioambiental vigente

Para una empresa dedicada al montaje y mantenimiento de instalaciones climatización, el tratamiento y el control de los efluentes son dos temas claramente diferenciados. Mientras que parte de su actividad habitual es recuperar refrigerantes, evitar las fugas y detectarlas en caso de que se produzcan, rara vez realizarán el tratamiento de los gases refrigerantes que recuperan en las instalaciones que operan.

8.1. Control

Según el Real Decreto 552/2019, de 27 de septiembre, por el que se aprueban el Reglamento de seguridad para instalaciones frigoríficas y sus instrucciones técnicas complementarias, los operadores de aparatos de refrigeración aire acondicionado y bomba de calor que contengan gases fluorados deberán evitar fugas de dichos gases y subsanar las posibles fugas detectadas.

El control de las fugas será realizado por personal autorizado con la siguiente periodicidad:

- Cada 12 meses para instalaciones con 3 kg o más de gas.
- Cada 6 meses para instalaciones con 30 kg o más.
- Cada mes para instalaciones con 300 kg o más.
- Un mes después de que se haya subsanado una fuga.

Además, los operadores de las instalaciones que contengan 300 kg o más de gases fluorados de efecto invernadero deberán instalar sistemas de detección de fugas, que deberán ser revisados al menos cada 12 meses.

 **Nota**

En caso de que estos sistemas estén instalados y funcionen correctamente, las periodicidades inferiores a 12 meses se podrán aumentar al doble.

Además, los operadores de las aplicaciones que contengan 3 kg o más de gases deberán llevar registros de las cantidades y de los tipos de gases fluorados de efecto invernadero instalados, de cualquier cantidad añadida y de la cantidad recuperada durante el mantenimiento, la reparación y la eliminación definitiva.

También deberán mantener registros de otros datos pertinentes, como la identificación de la empresa o del técnico que llevó a cabo el mantenimiento o la reparación, así como las fechas y resultados de los controles de fugas realizados.

8.2. Tratamiento

El citado reglamento establece también que los operadores de circuitos de refrigeración de los aparatos de refrigeración, aire acondicionado y bombas de calor serán responsables de tomar las medidas necesarias para la recuperación adecuada de gases fluorados de efecto invernadero, por parte de personal acreditado, con el fin de garantizar su reciclado, regeneración o destrucción. Además, en su artículo 4, se indica que:

La recuperación a efectos de reciclado, regeneración o destrucción de los gases fluorados de efecto invernadero tendrá lugar antes de la eliminación final de dichos aparatos y, en su caso, durante su reparación y mantenimiento.

Por último, se indica que, cuando un contenedor de gases fluorados alcance el final de su vida útil, la persona que utilice el contenedor a efectos de transporte o almacenamiento será la responsable de tomar las medidas necesarias para la adecuada recuperación de cualesquiera gases residuales que contenga, con el fin de garantizar su reciclado, regeneración o destrucción.

Adicionalmente, la Ley 7/2022, de 8 de abril, de residuos y suelos contaminados para una economía circular, por la que se publican las operaciones de valorización y eliminación de residuos y la lista europea de residuos, incluye dos categorías relacionadas con las instalaciones de climatización. La primera de ellas es la 14 (Residuos de disolventes, refrigerantes y propelentes orgánicos) y la segunda la 16 (Residuos no especificados en otro capítulo de la lista). Dentro de cada una de ellas, se encuentran:

- 14 06: Residuos de disolventes, refrigerantes y propelentes de espuma y aerosoles orgánicos.

  - 14 06 01*: Clorofluorocarbonos, HCFC, HFC.
  - 14 06 02*: Otros disolventes y mezclas de disolventes halogenados.
  - 14 06 04*: Lodos o residuos sólidos que contienen disolventes halogenados.

- 16 02: Residuos de equipos eléctricos y electrónicos.

  - 16 02 11*: Equipos desechados que contienen clorofluorocarbonos, HCFC, HFC.

 Importante

Los residuos que aparecen en la lista señalados con un asterisco (*) se consideran residuos peligrosos.

9. Buenas prácticas en las técnicas de manipulación, trasiego y recuperación de gases refrigerantes

En la práctica, una empresa dedicada al mantenimiento de instalaciones de climatización solo realiza la recuperación de los gases contaminantes, pero no su tratamiento. Para garantizar que este se realiza, es necesario que la empresa:

- Esté en posesión del Documento de aceptación de residuos, para lo que debe firmar un contrato con un gestor autorizado de residuos que sí realizará el tratamiento de los mismos.
- Esté inscrita como pequeño productor de residuos en el registro de la comunidad autónoma que le corresponda.
- Disponga de equipos para la recuperación del gas refrigerante y de botellas para almacenarlo.

Equipo de refrigeración

Queda claro, por tanto, que lo que la empresa realmente realiza es la recuperación del gas. Profundizando, se distingue entre recuperar, reciclar y regenerar.

- **Recuperar** es simplemente recoger el gas refrigerante de una instalación para eliminarlo. Las causas motivadoras suelen ser dos: o el refrigerante está prohibido y tras una reparación hay que sustituirlo por otro, o bien su estado de deterioro es tan grande que se ha decidido sustituirlo. En este caso, el refrigerante se almacena en un recipiente adecuado para su posterior destrucción por una empresa especializada.

- **Reciclar** es recoger el refrigerante de una instalación para, después de un sencillo tratamiento, volver a introducirlo en el circuito de refrigeración, retirándole el aceite o reduciendo su humedad o la presencia de sólidos. Este tratamiento se realiza *in situ* o, en el peor de los casos, en los locales de la empresa instaladora.

- **Regenerar** es recoger el refrigerante para tratarlo hasta que alcance las condiciones del gas nuevo. Este procedimiento exige la comprobación de que las condiciones de partida del gas realmente se han alcanzado y solo está al alcance de un fabricante.

La importancia de estos procedimientos es grande, especialmente si se toma en consideración que, en muchas de las reparaciones que sufren las instalaciones de climatización, los gases deben ser extraídos de los circuitos de refrigeración.

 Nota

La extracción del gas es común a los tres procesos y consiste en transferir el gas refrigerante desde el sistema de refrigeración hasta un cilindro para recuperar gas.

10. Resumen

La preocupación de una empresa por la seguridad y salud de sus trabajadores y por el impacto que sus actividades tienen en el medioambiente suele verse recompensada. En primer lugar, la salud de los citados trabajadores y el entorno natural son bienes que es necesario conservar, usándolos de manera sostenible; pero, además, esta preocupación repercute positivamente en otros aspectos: acceso a subvenciones, ahorro en materias primas y gestión de residuos, mejora de la imagen, etcétera.

Surge, para algunas empresas, la necesidad de demostrar su compromiso medioambiental. Una de las opciones es adherirse al Reglamento EMAS de la Unión Europea, que traza las pautas que debe cumplir un sistema de gestión medioambiental integrado en la empresa. Sea cual sea la opción elegida, la credibilidad del sistema está soportada por la periódica realización de auditorías internas y externas que garantizan que todo se está realizando conforme está previsto y que, si no es así, se corregirá.

Cualquier sistema de gestión presta mucha atención al impacto que las actividades de la empresa tienen en el medioambiente. El foco se centra no solo en los residuos, sino también en los recursos que se consumen, ambos deben minimizarse y los segundos utilizarse racionalmente. Todo el personal de la empresa debe estar comprometido y, por eso, suele ser interesante redactar un manual de buenas prácticas.

Al margen de la problemática medioambiental, centrada principalmente en la utilización de gases refrigerantes perjudiciales en algunos casos para la capa de ozono y en todos de efecto invernadero, en el campo de la prevención de riesgos laborales, los riesgos a los que se exponen los trabajadores son variados, destacándose los relacionados con los trabajos de soldadura, con los trabajos eléctricos y con los trabajos en altura.

Ejercicios de repaso y autoevaluación

1. **Al ejecutar los trabajos de instalación, montaje o mantenimiento de instalaciones de climatización y ventilación, ¿qué riesgos tienen especial incidencia?**

   a. Riesgo eléctrico.
   b. Riesgo por exposición al amianto, en edificios construidos entre 1965-1985.
   c. Riesgo de incendio.
   d. Todas las opciones son correctas.

2. **Cuando algunas partes de un andamio no estén listas para su utilización...**

   a. ... no deberá existir ninguna señalización de advertencia.
   b. ... deberán contar con señales de advertencia de peligro general.
   c. ... los andamios, para ser utilizados, han de ser inspeccionados previamente por el representante legal de la empresa.
   d. Todas las opciones son correctas.

3. **¿Qué patología pueden producir los humos de soldadura?**

   a. Fiebre reumática.
   b. Fiebre de Malta.
   c. Fiebre del vapor metálico.
   d. Todas las opciones son incorrectas.

4. **Para comprobar el cumplimiento del sistema de gestión medioambiental, las empresas deberán...**

   a. ... realizar pruebas objetivas escritas a sus trabajadores que les permitan comprobar sus conocimientos en legislación medioambiental.
   b. ... desarrollar un programa de auditoría medioambiental.
   c. ... el sistema no necesita ser comprobado, basta con el compromiso de la organización.
   d. Todas las opciones son incorrectas.

5. ¿Es siempre el impacto medioambiental algo negativo para el medioambiente?

    a. Sí.
    b. No, si se decide repoblar un monte o reintroducir una determinada especie en un ecosistema, se estudia el impacto ambiental que tendrá y, si se valora positivamente, se hace.
    c. La mayoría de las veces.
    d. Nunca.

EMAS

Gestión ambiental
verificada
REG. NO.

6. ¿Cuál es el significado del símbolo de la imagen?

    a. Refrigerante no perjudicial para la capa de ozono.
    b. Refrigerante no perjudicial para el medio ambiente.
    c. Que la empresa tiene implantado un sistema de gestión medioambiental según la norma ISO 14000.
    d. Que la empresa tiene implantado un sistema de gestión medioambiental.

7. Para conocer el potencial de calentamiento global de un gas refrigerante, se debe consultar el siguiente valor...

    a. ... COP.
    b. ... TEWI.
    c. ... ODP.
    d. ... GWP.

8. El programa de mantenimiento de una instalación de más de 70 kW debe establecer una revisión de unidades terminales agua-aire con una periodicidad 2t, lo que significa...

    a. ... dos veces al año.
    b. ... dos veces por temporada, una al comienzo y otra a la mitad.
    c. ... una vez por temporada.
    d. ... dos veces al mes.

9. De los átomos componentes de un gas refrigerante CFC, ¿cuáles destruyen el ozono atmosférico?

    a. El cloro.
    b. El flúor.
    c. El carbono.
    d. El cloro y el flúor.

10. En los trabajos de soldadura, el exceso de oxígeno, que es un comburente, en el aire, ¿qué peligro implica?

    a. El exceso de oxígeno no implica peligro alguno.
    b. Para evitar el peligro de incendio, se recomienda ventilar con oxígeno.
    c. Riesgos de electrocución.
    d. Peligro de incendio.

Bibliografía

Monografías

▌ BASCUAS Hernández J. y ÁLVAREZ J. M.: *Ergonomía. 20 preguntas básicas para aplicar la ergonomía a la empresa.* Madrid: Mapfre, 2001.

▌ BESTRATÉN Belloví, M. [et al.]: *Seguridad en el trabajo.* Barcelona: Instituto Nacional de Seguridad y Salud en el Trabajo, 1999.

▌ CORTÉS Díaz, J. M.: *Técnicas de prevención de riesgos laborales. Seguridad e Higiene del Trabajo.* Madrid: Tébar, 2007.

▌ ESPLUGA, J. y CABALLERO, J.: *Introducción a la prevención de riesgos laborales.* Barcelona: Ariel, 2005.

▌ ESTEVE, L.: *El accidente de trabajo y la enfermedad profesional.* Madrid: Secretaría Confederal de Formación Sindical de CC. OO., 2001.

▌ FLORES Pereita, P.: *Manual de acústica, ruido y vibraciones.* Barcelona: GYC, 1990.

▌ RODRÍGUEZ Ron, M.: *La biomecánica en el transporte de cargas.* Madrid: MAPFRE, N° 83, tercer trimestre de 2001.

▌ RUBIO Romero, J. C.: *Métodos de evaluación de riesgos laborales.* Madrid: Díaz de Santos, 2004.

▌ SANTOS Durán, J. L. y DE LUIS Calabuig, Á.: *Riesgos derivados de las condiciones de seguridad.* Zaragoza: Apóstrofe, 2005.

I VILLANUEVA Manresa, R.: *Refrigerantes para aire acondicionado y refrigeración*. Alicante: Club Universitario, 2004.

I VV. AA.: *Manual de ergonomía*. Madrid: Fundación MAPFRE, 1997.

I VV. AA.: *Manual de higiene industrial*. Madrid: Fundación MAPFRE, 1996.

Legislación

I Reglamento (UE) 2024/590 del Parlamento Europeo y del Consejo, de 7 de febrero de 2024, sobre las sustancias que agotan la capa de ozono, y por el que se deroga el Reglamento (CE) n° 1005/2009.

I Reglamento (UE) 2024/573 del Parlamento Europeo y del Consejo, de 7 de febrero de 2024, sobre los gases fluorados de efecto invernadero, por el que se modifica la Directiva (UE) 2019/1937, y se deroga el Reglamento (UE) n.o 517/2014 (Texto pertinente a efectos del EEE).

I Reglamento (CE) n.° 1221/2009 del Parlamento Europeo y del Consejo, de 25 de noviembre de 2009 , relativo a la participación voluntaria de organizaciones en un sistema comunitario de gestión y auditoría medioambientales (EMAS), y por el que se derogan el Reglamento (CE) n.° Reglamento (CE) n.° 1221/2009 del Parlamento Europeo y del Consejo, de 25 de noviembre de 2009 , relativo a la participación voluntaria de organizaciones en un sistema comunitario de gestión y auditoría medioambientales (EMAS), y por el que se derogan el Reglamento (CE) n.° 761/2001 y las Decisiones 2001/681/CE y 2006/193/CE de la Comisión

I Reglamento (CE) n.° 1005/2009 del Parlamento Europeo y del Consejo, de 16 de septiembre de 2009 , sobre las sustancias que agotan la capa de ozono.

I Directiva del Consejo, de 12 de junio de 1989, relativa a la aplicación de medidas para promover la mejora de la seguridad y de la salud de los trabajadores en el trabajo.

I Ley 25/2009, de 22 de diciembre, de modificación de diversas leyes para su adaptación a la Ley sobre el libre acceso a las actividades de servicios y su ejercicio.

- Ley 54/2003, de 12 de diciembre, de reforma del marco normativo de la prevención de riesgos laborales.

- Ley 31/1995, de 8 de noviembre, de Prevención de Riesgos Laborales.

- Real Decreto 513/2017, de 22 de mayo, por el que se aprueba el Reglamento de instalaciones de protección contra incendios.

- Decreto 542/2020, de 26 de mayo, por el que se modifican y derogan diferentes disposiciones en materia de calidad y seguridad industrial.

- Real Decreto 337/2010, de 19 de marzo, por el que se modifican el Real Decreto 39/1997, de 17 de enero, por el que se aprueba el Reglamento de los Servicios de Prevención; el Real Decreto 1109/2007, de 24 de agosto, por el que se desarrolla la Ley 32/2006, de 18 de octubre, reguladora de la subcontratación en el sector de la construcción y el Real Decreto 1627/1997, de 24 de octubre, por el que se establecen disposiciones mínimas de seguridad y salud en obras de construcción.

- Real Decreto 1644/2008, de 10 de octubre, por el que se establecen las normas para la comercialización y puesta en servicio de las máquinas.

- Real Decreto 1027/2007, de 20 de julio, por el que se aprueba el Reglamento de Instalaciones Térmicas en los Edificios.

- Real Decreto 393/2007, de 23 de marzo, por el que se aprueba la Norma básica de autoprotección de los centros, establecimientos y dependencias dedicados a actividades que puedan dar origen a situaciones de emergencia.

- Real Decreto 396/2006, de 31 de marzo, por el que se establecen las disposiciones mínimas de seguridad y salud aplicables a los trabajos con riesgo de exposición al amianto.

- Real Decreto 286/2006, de 10 de marzo, sobre la protección de la salud y la seguridad de los trabajadores contra los riesgos relacionados con la exposición al ruido.

I Real Decreto 2177/2004, de 12 de noviembre, por el que se modifica el Real Decreto 1215/1997, de 18 de julio, por el que se establecen las disposiciones mínimas de seguridad y salud para la utilización por los trabajadores de los equipos de trabajo, en materia de trabajos temporales en altura.

I Real Decreto 842/2002, de 2 de agosto, por el que se aprueba el Reglamento electrotécnico para baja tensión.

I Real Decreto 614/2001, de 8 de junio, sobre disposiciones mínimas para la protección de la salud y seguridad de los trabajadores frente al riesgo eléctrico.

I Real Decreto 1627/1997 sobre disposiciones mínimas de seguridad y salud en las obras de construcción.

I Real Decreto 1215/1997, de 18 de julio, por el que se establecen las disposiciones mínimas de seguridad y salud para la utilización por los trabajadores de los equipos de trabajo.

I Real Decreto 773/1997, de 30 de mayo, sobre disposiciones mínimas de seguridad y salud relativas a la utilización por los trabajadores de equipos de protección individual.

I Real Decreto 664/1997, de 12 de mayo, sobre la protección de los trabajadores contra los riesgos relacionados con la exposición a agentes biológicos durante el trabajo.

I Real Decreto 487/1997, de 14 de abril, sobre disposiciones mínimas de seguridad y salud relativas a la manipulación manual de cargas que entrañe riesgos, en particular dorsolumbares, para los trabajadores.

I Real Decreto 486/1997, de 14 de abril, por el que se establecen las disposiciones mínimas de seguridad y salud en los lugares de trabajo.

I Real Decreto 39/1997, de 17 de enero, por el que se aprueba el Reglamento de los Servicios de Prevención.

I Convenio sobre la seguridad y salud de los trabajadores y medio ambiente de trabajo, de 22 de junio de 1981.

Textos electrónicos, bases de datos y programas informáticos

▌BESTRATÉN Belloví, M. y PAREJA Malagón, F.: NTP 330: Sistema simplificado de evaluación de riesgos de accidente. Instituto Nacional de Seguridad y Salud en el Trabajo, de: <https://www.insst.es/documents/94886/326853/ntp_330.pdf/e0ba3d17-b43d-4521-905d-863tc7cb800b?version=1.0&t=1614698465269>.

▌BESTRATÉN Belloví, M., GIL Fisa, A. y PIQUÉ Ardanuy, T.: NTP 593: La gestión integral de los accidentes de trabajo (II): control estadístico. Instituto Nacional de Seguridad y Salud en el Trabajo, de: <https://www.insst.es/documents/94886/326853/ntp_593.pdf/cee446e0-2b3a-4206-99b6-7f8c0fd8ae2e?version=1.0&t=1617977427932>.

▌BLANCH Gonzálbez, P.: NTP 235: Medidas de seguridad en máquinas: criterios de selección. Instituto Nacional de Seguridad y Salud en el Trabajo, de: <https://www.insst.es/documents/94886/326853/ntp_235.pdf/871c5f1b-d6e2-45d4-be90-eb713d477092?version=1.0&t=1614698401280>.

▌CHAVARRÍA Cosar, R.: NTP: 177: La carga física de trabajo: definición y evaluación. Instituto Nacional de Seguridad y Salud en el Trabajo, de: <http://www.insht.es>.

▌Comisión Europea, de: <http://ec.europa.eu>.

▌DE ARQUER, M. I.: NTP 445: Carga mental de trabajo: fatiga. Instituto Nacional de Seguridad y Salud en el Trabajo, de: <https://www.insst.es/documents/94886/326853/ntp_445.pdf/a0a57c8d-2ae3-445b-b525-b57d0ad54592?version=1.0&t=1614698357940>.

▌Fundación Estatal para la Prevención de Riesgos Laborales F.S.P., de: <http://www.funprl.es>.

▌GIL Fisa, A. y TURMO Sierra, E.: NTP 236: Accidentes de trabajo: control estadístico. Instituto Nacional de Seguridad y Salud en el Trabajo, de <https://www.insst.es/documents/94886/326853/ntp_236.pdf/2ae85d34-b889-4b1c-b77f-5c47deeb6c1b?version=1.0&t=1614698402750>.

▌Organización Mundial de la Salud, de: <http://www.who.com>.

I PÉREZ Guerrero, A.: NTP 536: Extintores de incendio portátiles: utilización. Instituto Nacional de Seguridad y Salud en el Trabajo, de: <https://www.insst.es/documents/94886/326853/ntp_536.pdf/b7659f34-a3d0-4bbf-b5ac-d7f936604d3f?version=1.0&t=1614698528780>.

I PIQUÉ Ardanuy, T.: NTP 324: Cuestionario de chequeo para el control de riesgos de accidente. Instituto Nacional de Seguridad y Salud en el Trabajo, de: <https://www.insst.es/documents/94886/326853/ntp_324.pdf/9a524205-9ff4-4985-8232-40f5b3bb94b6?version=1.0&t=1614698467975>.

I PIQUÉ Ardanuy, T.: NTP 552: Protección de máquinas frente a peligros mecánicos: resguardos. Instituto Nacional de Seguridad y Salud en el Trabajo, de: <https://www.insst.es/documents/94886/326853/ntp_552.pdf/44c27530-8c15-4e2f-b91d-9293c0326ac4?version=1.0&t=1614698529785>.

I TAMBORERO del Pino, J. M.: NTP 391: Herramientas manuales (I): condiciones generales de seguridad. Instituto Nacional de Seguridad y Salud en el Trabajo, de: <https://www.insst.es/documents/94886/326853/ntp_391.pdf/b2eaecca-0550-4ec8-9031-9bb27bfc58db?version=1.0&t=1614698486801>.

I TAMBORERO del Pino, J. M.: NTP 392: Herramientas manuales (II): condiciones generales de seguridad. Instituto Nacional de Seguridad y Salud en el Trabajo, de: <https://www.insst.es/documents/94886/326853/ntp_392.pdf/f208e043-26d3-4048-ade3-fce579e72e3d?version=1.0&t=1614698463812>.

I TAMBORERO del Pino, J. M.: NTP 393: Herramientas manuales (III): condiciones generales de seguridad. Instituto Nacional de Seguridad y Salud en el Trabajo, de: <https://www.insst.es/documents/94886/326853/ntp_393.pdf/ee7c2080-a01f-4ce3-8f83-00498b41126d?version=1.0&t=1614698467489>.

I TAMBORERO del Pino, J. M.: NTP 495: Soldadura oxiacetilénica y oxicorte: normas de seguridad. Instituto Nacional de Seguridad y Salud en el Trabajo, de: <https://www.insst.es/documents/94886/326853/ntp_495.pdf/e2c531c3-9d1b-4b28-8a9a-52c5d4ded012?version=1.0&t=1614698342222>.

❚ VV. AA.: *Evaluación de las condiciones de trabajo en la PYME*. Instituto Nacional de Seguridad y Salud en el Trabajo, de: <https://www.insst.es/documentacion/catalogo-de-publicaciones/evaluacion-de-las-condiciones-de-trabajo-en-pequenas-y-medianas-empresas>.

❚ VV. AA.: *Guía técnica de mantenimiento de instalaciones térmicas*. Instituto para la Diversificación y Ahorro de la Energía, de <http://www.idae.es>.